Distribué au Québec par :

Messageries ADP
2315 rue de la Province
Longueuil (Québec)
J4G 1G4 CANADA
Tél: (450) 640-1234
Fax: (450) 640-1251

Distribué en Suisse par :

Diffusion Transat SA
Chemin des Chalets
1279 Chavannes de Bogis
Suisse
Tel: 41 22 342 77 40
Fax: 41 22 343 46 46

Distribué en France par :

D.G. Diffusion
ZI de Bogues
31750 Escalquens
FRANCE
Tél. : (05) 61 00 09 99
Fax : (05) 61 00 23 12

Diffusé en Belgique par :

ALTERA DIFFUSION
Rue Emile Féron 168
1060 Bruxelles
BELGIQUE
Tél. : (02) 543 06 00
Fax : (02) 543 06 09

© 2000 Lise Bourbeau

Dépôt légal :
Bibliothèque et archives nationales du Québec
Bibliothèque Nationale du Canada
Bibliothèque Nationale de France
Troisième trimestre 2000
ISBN-10 : 2-920932-18-7
ISBN-13 : 978-2-920932-18-0
Quatrième édition/Huitième impression
Publié par :
Les Éditions E.T.C. Inc.
1102, boul. La Salette
Saint-Jérôme, Québec
J5L 2J7   CANADA
Tél. : (514) 875-1930 ou (450) 431-5336
Si interurbain au Canada : 1-800-361-3834
Télécopieur : (450) 431-0991
Courriel : info@leseditionsetc.com **Web** : www.leseditionsetc.com

LISE BOURBEAU

L'AUTEURE DU BEST-SELLER

*"ÉCOUTE TON CORPS,
ton plus grand ami sur la Terre"*

rejet *abandon*

LES 5 BLESSURES

qui empêchent

D'ÊTRE

soi-même

injustice *humiliation*

trahison

ÉDITIONS E.T.C. INC

REMERCIEMENTS

Merci du plus profond de mon cœur aux milliers de personnes avec qui j'ai travaillé depuis plusieurs années sans qui mes recherches sur les blessures et les masques auraient été impossibles.

Je remercie aussi tout particulièrement tous ceux et celles qui ont suivi la formation « Techniques efficaces en Relation d'Aide ». Grâce à leur capacité de se révéler complètement, la matière servant à cet ouvrage a été grandement enrichie. Un merci très spécial aux membres de l'équipe d'Écoute Ton Corps qui ont participé à mes recherches et qui m'ont fourni plusieurs éléments de ce livre. Grâce à vous tous, je continue à entretenir ma passion pour la recherche et à élaborer de nouvelles synthèses.

Pour terminer, un grand merci à ceux qui ont contribué directement à l'écriture de ce livre en commençant par mon conjoint Jacques qui, par sa présence, rend plus faciles les heures passées à ce livre, ensuite Monica Bourbeau Shields, Odette Pelletier, Micheline St-Jacques, Nathalie Raymond, Édith Paul et Michèle Derudder qui ont fait un super travail de correction du manuscrit et finalement Claudie Ogier et Élisa Palazzo, illustratrices.

TABLE DES MATIÈRES

Préface 11

Chap.1   Création des blessures et des masques..............13

Chap.2   Le rejet 27

Chap.3   L'abandon..53

Chap.4   L'humiliation 83

Chap.5   La trahison..115

Chap.6   L'injustice..151

Chap.7   Guérison des blessures et transformation des
masques 179

PRÉFACE

La rédaction de ce livre a été possible grâce à la persévérance de nombreux chercheurs qui, comme moi, n'ont pas hésité à oser rendre public le fruit de leurs recherches et synthèses malgré la controverse et le scepticisme que celles-ci suscitent. D'ailleurs, les chercheurs savent qu'en général ils seront critiqués, ainsi que leurs publications, et ils se préparent à vivre avec cette adversité. Ils sont motivés par leur désir de favoriser l'évolution de l'humain et par ceux qui acceptent leurs découvertes. Parmi les chercheurs, le premier que je tiens à remercier est le psychiatre autrichien SIGMUND FREUD pour sa découverte monumentale de l'inconscient et pour avoir osé affirmer que le physique pouvait avoir un lien avec les dimensions émotionnelle et mentale de l'être humain.

Mes remerciements s'adressent ensuite à un de ses élèves, WILHELM REICH qui, à mon avis, a été le grand précurseur de la métaphysique. Il fut le premier à vraiment établir le lien entre la psychologie et la physiologie en prouvant que les névroses affectaient non seulement le mental mais aussi le corps physique.

Par la suite, les psychiatres JOHN C. PIERRAKOS et ALEXANDER LOWEN, tous deux élèves de Wilhelm Reich, ont créé la bioénergie qui a prouvé l'importante implication des émotions et de la pensée dans la volonté de guérir le corps physique.

C'est surtout grâce aux travaux de John Pierrakos et de sa compagne Eva Brooks que j'ai pu réaliser la synthèse que tu découvriras dans ce livre. Depuis un stage très intéressant fait en 1992 avec BARRY WALKER, un élève de John Pierrakos, j'ai observé et recherché avec assiduité pour en arriver à la synthèse des cinq blessures et les masques qui les accompagnent. D'ailleurs, tout ce qui est décrit dans ce livre a fait l'objet de maintes vérifications depuis 1992 par l'entremise de milliers de personnes qui ont suivi mes ateliers et par des expériences tirées de ma vie personnelle.

Il n'y a aucune preuve scientifique à ce qui est avancé dans ce livre, mais je t'invite à vérifier ma synthèse avant de la rejeter et, surtout, à l'expérimenter pour savoir si elle peut t'aider à améliorer ta qualité de vie.

Comme tu as pu le constater, je continue à te tutoyer dans cet ouvrage tout comme je l'ai fait dans mes autres écrits. Si tu lis un de mes livres pour la première fois et que tu n'es pas familier avec l'enseignement d'ÉCOUTE TON CORPS, il se peut que certaines expressions te laissent perplexe. Je fais, par exemple, une nette distinction entre sentiment et émotion, « intellectuence » et intelligence, maîtriser et contrôler. Le sens que je donne à ces mots est bien expliqué dans mes autres livres et dans les ateliers.

Tout ce qui est écrit s'adresse autant à la gent masculine que féminine. Quand ce n'est pas le cas, je le précise. Je continue également à utiliser le mot DIEU. Je rappelle que, lorsque je parle de DIEU, je fais référence à ton MOI SUPÉRIEUR, ton être véritable, ce MOI qui connaît tes vrais besoins pour vivre dans l'amour, le bonheur, l'harmonie, la paix, la santé, l'abondance et la joie.

Je te souhaite d'avoir autant de plaisir à te découvrir dans les chapitres qui suivent que j'en ai eu à partager mes découvertes.

Avec amour, *Lise Bourbeau*

CHAPITRE 1
LA CRÉATION DES BLESSURES
ET DES MASQUES

Lorsqu'un enfant naît, il sait au plus profond de lui que la raison pour laquelle il s'incarne, c'est d'être lui-même tout en vivant de multiples expériences. Son âme a d'ailleurs choisi la famille et l'environnement dans lesquels il naît avec un but très précis. Nous avons tous la même mission en venant sur cette planète : celle de vivre des expériences jusqu'à ce que nous arrivions à les accepter et à nous aimer à travers elles.

Tant qu'une expérience est vécue dans la non-acceptation, c'est-à-dire dans le jugement, dans la culpabilité, la peur, le regret ou toute autre forme de non-acceptation, l'humain s'attire sans cesse les circonstances et les personnes qui lui font revivre cette expérience. Certains, non seulement expérimentent le même type d'événements plusieurs fois au cours d'une vie, mais doivent se réincarner une ou plusieurs fois afin d'arriver à l'accepter complètement.

Accepter une expérience ne veut pas dire que celle-ci représente notre préférence ou que nous soyons d'accord avec elle. Il s'agit plutôt de nous donner le droit d'expérimenter et d'apprendre à travers ce que nous vivons. Nous devons surtout apprendre à reconnaître ce qui est bénéfique pour nous et ce qui ne l'est pas. Le seul moyen pour y arriver est de devenir conscients des conséquences de l'expérience. Tout ce que nous décidons ou non, ce que nous faisons ou pas, ce que nous disons ou non et même ce que nous pensons et ressentons entraînent des conséquences.

L'être humain veut vivre de façon de plus en plus intelligente. Lorsqu'il se rend compte qu'une expérience provoque des conséquences nuisibles, au lieu de se reprocher quelque chose ou d'en vouloir à quelqu'un d'autre, il doit tout simplement apprendre à accepter de l'avoir choisie (même inconsciemment) pour réaliser qu'elle n'était pas intelligente pour lui. Il s'en souviendra pour plus tard. C'est ainsi qu'on vit une expérience dans l'acceptation. Par contre, je te rappelle que même si tu te dis : « Je ne veux plus vivre cela », ça recommence. Tu dois te donner le droit de répéter plusieurs fois la même erreur ou l'expérience désagréable avant d'arriver à avoir la volonté et le courage nécessaires pour te transformer. Pourquoi ne comprenons-nous pas du premier coup? À cause de notre ego entretenu par nos croyances.

Nous avons tous de nombreuses croyances qui nous empêchent d'être ce que nous voulons être. Plus ces façons de penser ou croyances nous font mal, plus nous essayons de les occulter. Nous parvenons même à croire qu'elles ne nous appartiennent plus. Arriver à les régler exige donc que nous nous incarnions à plusieurs reprises. C'est seulement lorsque nos corps mental, émotionnel et physique seront à l'écoute de notre **DIEU** intérieur que notre âme sera totalement heureuse.

Tout ce qui est vécu dans la non-acceptation s'accumule au niveau de l'âme. Celle-ci, étant immortelle, revient sans cesse sous différentes formes humaines avec le bagage accumulé dans sa mémoire d'âme. Avant de naître, nous décidons de ce que nous voulons venir régler durant cette prochaine incarnation. Cette décision et tout ce que nous avons accumulé dans le passé ne sont pas enregistrés dans notre mémoire consciente, c'est-à-dire celle qui relève de l'intellect. Ce n'est qu'au fil de la vie que nous devenons graduellement conscients de notre plan de vie et de ce que nous devons régler.

Quand je fais allusion à quelque chose de « non réglé », je fais toujours référence à une expérience vécue dans la non-acceptation de soi. Il y a une différence entre accepter une expérience et s'accepter soi-même. Prenons l'exemple d'une jeune fille qui a été rejetée par son père, car celui-ci désirait un garçon. Dans un tel cas, accepter l'expérience consiste à donner le droit à son père d'avoir désiré un garçon et d'avoir rejeté sa fille. L'acceptation de soi consiste, pour cette jeune fille, à se donner le droit d'en avoir voulu à son père et de se pardonner de lui en avoir voulu. Il ne doit subsister aucun jugement envers son père et elle-même, seulement de la compassion et de la compréhension pour la partie qui souffre en chacun d'eux.

Elle saura que cette expérience est complètement réglée lorsqu'elle se permettra de faire ou dire quelque chose qui pourrait faire vivre du rejet à quelqu'un d'autre (ce qui n'est pas son intention, mais le résultat pourrait être le même si l'autre personne vit la blessure de rejet). Il existe une autre façon pour elle de savoir que ce genre de situation a vraiment été réglé et vécu dans l'acceptation : la personne qu'elle aura "rejetée" ne lui en voudra pas, elle saura que ça arrive à tous les humains de rejeter une autre personne à certains moments de leur vie.

Ne te laisse pas jouer de tours par l'ego qui essaie souvent par tous les moyens de nous faire croire que nous avons réglé une situation. Il arrive fréquemment que nous nous disions : « Oui, je comprends que l'autre ait agi ainsi » pour ne pas avoir à se regarder et à se pardonner. Notre ego tente ainsi de trouver une

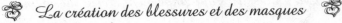

façon furtive pour mettre de côté les situations désagréables. Il arrive qu'on accepte une situation ou une personne sans pour autant s'être pardonné ou s'être donné le droit de lui en avoir voulu ou de lui en vouloir encore. Cela s'appelle « accepter seulement l'expérience ». Je le répète : « Il est important de faire la différence entre accepter l'expérience et l'acceptation de soi. » Cette acceptation est difficile à faire, car notre ego ne veut pas admettre que toutes les expériences difficiles que nous vivons ont pour seul but de nous montrer que nous agissons de la même façon avec autrui.

As-tu déjà constaté que **lorsque tu accuses quelqu'un de quelque chose, cette même personne t'accuse de la même chose?**

Voilà pourquoi il est si important d'apprendre à se connaître et à s'accepter le plus possible. C'est ce qui nous assure de vivre de moins en moins de situations souffrantes. Il n'en tient qu'à toi de décider de te prendre en mains pour devenir maître de ta vie plutôt que de laisser ton ego la contrôler. Faire face à tout cela demande cependant beaucoup de courage parce qu'on touche inévitablement à de vieilles blessures qui peuvent faire très mal, surtout si nous les traînons depuis plusieurs vies. Plus tu souffres à travers une situation ou avec une personne spécifique, plus le problème vient de loin.

Pour t'aider, tu peux compter sur ton **DIEU** intérieur qui est omniscient (**IL** connaît tout), omniprésent (**IL** est partout) et omnipotent (**IL** est tout-puissant). Cette puissance est toujours présente et à l'œuvre en toi. Elle agit de sorte à te guider vers les personnes et les situations qui te sont nécessaires pour grandir et évoluer selon le plan de vie choisi avant ta naissance.

Avant même de naître, ton **DIEU** intérieur attire ton âme vers l'environnement et la famille dont tu auras besoin dans ta prochaine vie. Cette attirance magnétique et ces objectifs sont déterminés, d'une part, par ce que tu n'as pas encore réussi à vivre dans l'amour et l'acceptation dans tes vies précédentes et, d'autre part, par ce que tes futurs parents ont à guérir à travers un enfant comme toi. Voilà ce qui explique que les enfants et les parents ont en général les mêmes blessures à guérir.

En naissant, tu n'es plus conscient de tout ce passé, car tu te concentres surtout sur les besoins de ton âme qui veut que tu t'acceptes avec tes acquis, tes défauts, tes forces, tes faiblesses, tes désirs, ta personnalité, etc. Nous avons tous ce besoin. Cependant, peu après notre naissance, nous nous apercevons que lorsque nous osons être nous-mêmes, cela dérange le monde des adultes ou celui de nos proches. Nous en déduisons qu'être naturel n'est pas bien, n'est pas correct. Cette découverte est douloureuse et provoque surtout chez l'enfant des crises de colère. Celles-ci deviennent tellement fréquentes que nous venons à croire qu'elles sont normales. On les appelle les « crises d'enfance » ou les « crises d'adolescence ». Elles sont peut-être devenues normales pour les humains, mais elles ne sont certainement pas naturelles. Un enfant qui agit naturellement, qui est équilibré et qui a le droit d'être lui-même ne fait pas ce genre de crises. Malheureusement, ce genre d'enfant n'existe presque pas. J'ai plutôt observé que la majorité des enfants passent par les quatre étapes suivantes :

Après avoir connu la joie d'être lui-même, première étape de son existence, il connaît la douleur de ne pas avoir le droit d'agir ainsi, qui est la deuxième étape. Vient ensuite la période de crise et la révolte, la troisième étape. Afin de réduire la douleur, l'enfant se résigne et finit par se créer une nouvelle personnalité pour devenir ce que les autres veulent qu'il soit. Certaines personnes demeurent enlisées à la troisième étape durant toute leur vie, c'est-à-dire qu'elles sont continuellement en réaction, en colère ou en situation de crise.

C'est durant les troisième et quatrième étapes que nous créons plusieurs masques (nouvelles personnalités) qui servent à nous protéger contre la souffrance vécue lors de la deuxième étape. **Ces masques sont au nombre de cinq et correspondent à cinq grandes blessures de base vécues par l'humain.** Mes nombreuses années d'observation m'ont permis de constater que toutes les souffrances de l'humain peuvent être condensées en cinq blessures. Les voici par ordre chronologique, c'est-à-dire dans l'ordre où chacune d'elles apparaît dans le cours d'une vie.

REJET

ABANDON

HUMILIATION

TRAHISON

INJUSTICE

En les disposant autrement, l'acrostiche TRAHI est formé, ce qui favorise la mémorisation.

TRAHISON
REJET
ABANDON
HUMILIATION
INJUSTICE

Cet acrostiche permet de mettre en lumière le fait que chaque fois que nous croyons subir ou que nous pensons faire vivre une de ces blessures, tout notre être se sent trahi. Nous ne sommes pas fidèles à notre DIEU intérieur, aux besoins de notre être puisque nous laissons notre ego avec ses croyances et ses peurs diriger notre vie. La mise en place des masques est la conséquence de vouloir cacher, à nous-même ou aux autres, ce que nous n'avons pas encore voulu régler. Ces cachotteries sont une forme de trahison. Quels sont ces masques? Les voici accompagnés des blessures qu'ils essaient de masquer.

Blessures	Masques
Rejet	Fuyant
Abandon	Dépendant
Humiliation	Masochiste
Trahison	Contrôlant
Injustice	Rigide

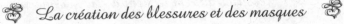

Ces blessures et ces masques seront expliqués en détail dans les chapitres suivants. L'importance du masque est créée en fonction du degré de la blessure. Un masque représente un type de personne avec un caractère qui lui est propre, car de nombreuses croyances sont développées et elles influenceront l'attitude intérieure et les comportements de la personne. Plus la blessure est importante, plus tu en souffriras souvent, ce qui t'obligera à porter ton masque plus souvent.

Nous portons un masque seulement lorsque nous voulons nous protéger. Par exemple, dans le cas où une personne sent de l'injustice suite à un événement ou quand elle se juge d'être injuste ou quand elle a peur de se faire juger comme étant injuste, elle porte son masque de rigide c'est-à-dire elle adopte le comportement d'une personne rigide.

Voici une image pour mieux illustrer la façon dont la blessure et le masque correspondant sont liés. La blessure intérieure peut être comparée à une blessure physique que tu as sur la main depuis longtemps, que tu ignores et que tu as négligé de soigner. Tu as plutôt préféré l'entourer d'un pansement pour ne pas la voir. Ce pansement équivaut au masque. Tu as cru qu'ainsi tu pourrais prétendre ne pas être blessé. Crois-tu vraiment que c'est la solution? Bien sûr que non! Nous le savons tous mais l'ego, lui, ne le sait pas. C'est une des façons qu'il a de nous jouer des tours.

Revenons à cet exemple de blessure à la main. Disons que cette lésion te fait très mal chaque fois que quelqu'un te touche la main, même si elle est protégée par ton pansement. Lorsque quelqu'un te prend la main par amour et que tu cries : « Ouch! Tu me fais mal! », tu peux imaginer la surprise de l'autre. A-t-il vraiment voulu te faire mal? Non, car si tu souffres lorsque quelqu'un te touche la main, c'est bien parce que tu as décidé de ne pas t'occuper de ta blessure. L'autre n'est pas responsable de ton mal.

C'est ainsi pour toutes les blessures. Nombreuses sont les occasions où nous nous croyons rejetés, abandonnés, trahis, humiliés ou traités de façon injuste. En réalité, chaque fois que nous nous sentons blessés, c'est notre ego qui aime croire que quelqu'un d'autre est à blâmer. On cherche donc à trouver un coupable. Parfois, nous décidons que nous sommes ce coupable quand, en réalité, ce n'est pas plus vrai que lorsque nous accusons quelqu'un d'autre. Tu sais, dans la vie, il n'y a pas de personnes coupables : seulement des personnes souffrantes. Je sais maintenant que plus on accuse (soi ou les autres) et plus la même expérience se répète. L'accusation ne sert qu'à rendre l'humain malheureux. Tandis que lorsque nous regardons avec compassion la partie de l'humain qui souffre, les événements, les situations et les personnes commencent à se transformer.

. Les masques que nous créons pour nous protéger sont visibles dans la morphologie d'une personne, donc dans son apparence extérieure. On me demande souvent s'il est possible de détecter les blessures chez les jeunes enfants. Personnellement, je m'amuse à observer mes sept petits-fils qui ont, au moment d'écrire ces lignes, entre sept mois et neuf ans. Chez la plupart d'entre eux, je peux déjà commencer à voir leurs blessures dans leur apparence physique. Les blessures plus facilement visibles à cet âge en indiquent une plus importante. Par contre, j'ai pu observer chez deux de mes trois enfants que leur corps d'adulte indique des blessures différentes de celles que je voyais lorsqu'ils étaient enfants et adolescents.

Le corps est tellement intelligent qu'il trouve toujours un moyen de nous laisser savoir ce que nous avons à régler. En réalité, c'est notre **DIEU** intérieur qui l'utilise pour nous parler.

Dans les prochains chapitres, tu découvriras comment reconnaître tes masques et ceux des autres. Dans le dernier chapitre, je parle des nouveaux comportements à adopter pour arriver à guérir ces blessures négligées jusqu'à maintenant et ainsi arrêter de souffrir. La transformation des masques qui cachent ces blessures s'effectue ainsi naturellement.

De plus, il est important de ne pas s'attacher aux mots utilisés pour exprimer les blessures ou les masques. Quelqu'un peut être rejeté et souffrir d'injustice; un autre peut être trahi et vivre cela comme un rejet; un autre peut être abandonné et se sentir humilié, etc.

Quand tu auras lu la description de chaque blessure et leurs caractéristiques, ce sera plus clair pour toi.

Les cinq caractères décrits dans ce livre peuvent ressembler à ceux décrits par d'autres études de caractères. Chaque étude est différente et celle-ci n'a pas pour intention d'abolir ou de vouloir remplacer les autres faites dans le passé. Une de ces théories faite par le psychologue Gérard Heymans, il y a près de cent ans, est d'ailleurs encore populaire aujourd'hui. On y retrouve les huit types caractérologiques suivants : le passionné, le colérique, le nerveux, le sentimental, le sanguin, le flegmatique, l'apathique et l'amorphe. Lorsqu'il utilise le mot *passionné* pour décrire un type de personne, cela n'empêche pas les autres types de vivre l'expérience de la passion dans leur vie. Chaque mot utilisé pour décrire les types est nécessaire pour définir le caractère dominant d'une personne. Je répète donc que tu ne dois pas t'accrocher au sens littéral des mots.

Il est possible, en lisant la description du comportement et de l'attitude du masque de chaque blessure, que tu te reconnaisses dans chacune d'elles. Par contre, il est très rare qu'une personne ait les cinq blessures. Voilà pourquoi il est important de bien retenir la description du corps physique, car celui-ci reflète fidèlement ce qui se passe à l'intérieur de soi. Il est beaucoup plus difficile de se reconnaître par les plans émotionnel et mental. Souviens-toi que notre ego ne veut pas qu'on découvre toutes nos croyances puisque c'est avec ces croyances que nous le nourrissons et qu'il survit. Je n'expliquerai pas l'ego davantage dans ce livre, car j'en parle en détail dans mes livres *ÉCOUTE TON CORPS, ton plus grand ami sur la Terre* et *ÉCOUTE TON CORPS, Encore*.

Il est possible que tu réagisses et que tu éprouves certaines résistances en prenant conscience que les personnes souffrant de telle blessure sont en réaction à tel parent. Avant d'arriver à cette conclusion, j'ai d'abord vérifié auprès de milliers de personnes si tel était bien le cas et la réponse est affirmative. Je répète ici ce que je dis dans chaque atelier que je donne : **le parent avec qui on avait l'impression de mieux s'entendre étant adolescent, est celui avec qui on a le plus de choses à régler.** Il est tout à fait normal d'éprouver des difficultés à accepter qu'on en veuille au parent qu'on aime le plus. La première réaction à cette constatation est en général le reniement, puis ensuite la colère et par la suite, on est prêt à faire face à la réalité : c'est le début de la guérison.

La description du comportement et des attitudes reliées aux différentes blessures peut te sembler négative. En reconnaissant une de tes blessures, il se pourrait donc que tu sois en réaction à la description du masque que tu t'es créé pour éviter de souffrir. Cette résistance est très normale et humaine. Donne-toi le temps. Souviens-toi que, tout comme les personnes qui t'entourent, lorsque c'est ton masque qui te fait agir, tu n'es pas toi-même. N'est-il pas rassurant de savoir que lorsqu'un comportement te dérange ou te déplaît chez les autres, cela indique que ces personnes viennent de mettre leur masque pour éviter de souffrir? En gardant cela à l'esprit, tu seras plus tolérant et il te sera plus facile de les regarder avec amour. Prenons l'exemple d'un adolescent qui a le comportement d'un « dur ». Lorsque tu découvres qu'il se comporte ainsi pour cacher sa vulnérabilité et sa peur, ta relation est différente, car tu sais qu'il n'est ni dur ni dangereux. Tu gardes ton calme et tu peux même remarquer ses qualités plutôt que d'en avoir peur et de ne voir que ses défauts.

Il est encourageant de savoir que même si tu nais avec des blessures à guérir qui sont régulièrement réveillées par ta réaction aux gens et aux circonstances qui t'entourent, les masques que tu as créés pour te protéger ne sont pas permanents. En mettant en pratique les méthodes de guérison suggérées dans le dernier chapitre, tu verras tes masques diminuer graduellement et, par conséquent, ton attitude se transformera et possiblement ton corps aussi.

Cela peut toutefois prendre plusieurs années avant de constater les résultats dans le corps physique, car celui-ci se transforme toujours plus lentement à cause de la matière tangible dont il est constitué. Nos corps plus subtils (émotionnel et mental) prennent moins de temps à se transformer suite à une décision prise en profondeur et avec amour. Par exemple, il est très facile de désirer (émotionnel) et de s'imaginer (mental) en train de visiter un autre pays. La décision de faire ce voyage peut se prendre en quelques minutes. Par contre, avant d'avoir tout planifié, organisé, économisé l'argent nécessaire, etc., la concrétisation de ce projet dans le monde physique sera plus longue.

Un bon moyen pour vérifier tes transformations physiques consiste à te photographier chaque année. Veille à prendre des gros plans de toutes les parties de ton corps afin de bien voir les détails. Il est vrai que certaines personnes changent plus rapidement que d'autres, tout comme certaines personnes pourraient arriver à concrétiser leur voyage plus vite que d'autres. L'important est de toujours continuer à travailler sur ta transformation intérieure, car c'est ce qui fera de toi un être plus heureux dans la vie.

Durant la lecture des cinq prochains chapitres, je te suggère de noter tout ce qui semble te correspondre et ensuite de relire le ou les chapitres qui décrivent le mieux ton attitude et, surtout, ton apparence physique.

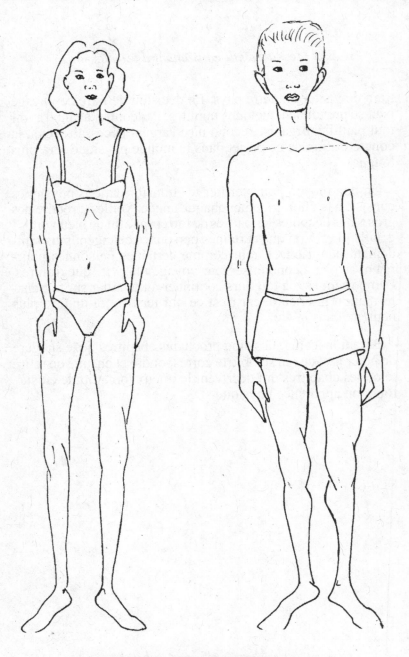

PHYSIQUE DU FUYANT
(Blessure de rejet)

CHAPITRE 2
LE REJET

Regardons ensemble ce que signifie le mot « rejet » ou « rejeter ». Le dictionnaire nous donne plusieurs définitions :

Expulser - Écarter en refusant - Repousser - Intolérance - Ne pas admettre - Évacuer

Plusieurs personnes ont de la difficulté à faire la différence entre rejeter et abandonner. Abandonner quelqu'un, c'est s'éloigner de lui pour autre chose ou pour quelqu'un d'autre alors que rejeter quelqu'un, c'est le repousser, ne pas vouloir l'avoir à ses côtés ou dans sa vie. Celui qui rejette utilise l'expression « je ne veux pas » alors que celui qui abandonne dit plutôt : « Je ne peux pas ».

Le rejet est une blessure très profonde, car celui qui en souffre se sent rejeté dans son être et surtout dans son droit d'exister. Parmi les cinq blessures, elle est la première à se manifester : elle se présente très tôt dans la vie d'une personne. L'âme qui revient sur Terre dans le but de travailler sur cette blessure vit du rejet dès la naissance et, pour plusieurs, même avant de naître.

Prenons l'exemple du bébé non désiré, celui qui arrive comme on dit « par accident ». Si l'âme de ce nourrisson n'a pas réglé le sentiment de rejet, c'est-à-dire si elle n'a pas réussi à être bien, à demeurer elle-même malgré le rejet, le bébé vivra nécessairement du rejet. Un exemple flagrant est le cas du nouveau-né qui n'est pas du sexe désiré. Il existe bien sûr d'autres raisons pour lesquelles un parent rejette son enfant, mais l'important ici consiste à réaliser que seules les âmes ayant besoin de vivre cette expérience seront attirées vers un ou des parents qui rejetteront leur enfant.

Il arrive aussi très souvent que le parent n'ait pas l'intention de rejeter son enfant mais que celui-ci se sente rejeté malgré tout à la moindre occasion : suite à des remarques désobligeantes ou l'impatience ou la colère d'un parent. Tant qu'une blessure n'est pas guérie, elle se réactive très facilement. La personne qui se sent rejetée n'est pas objective. Elle interprète les incidents à travers les filtres de sa blessure et elle se sent rejetée même lorsqu'elle ne l'est pas.

Dès l'instant où le bébé commence à se sentir rejeté, il commence à fabriquer un masque de **FUYANT**. Grâce aux nombreuses régressions à l'état fœtal auxquelles j'ai assisté, j'ai pu observer que la personne affectée par la blessure du rejet se voyait très petite dans le ventre de sa mère, qu'elle prenait très peu de place et que c'était souvent noir. Ceci m'a confirmé que le masque de *fuyant* pouvait commencer à se forger avant même de naître.

Je te fais remarquer que, d'ici à la fin du livre, j'utiliserai le terme *le fuyant* pour désigner la personne souffrant du rejet. Le masque du *fuyant* est la nouvelle personnalité, le caractère développé pour éviter de souffrir de rejet.

Ce masque se reconnaît physiquement à un corps *fuyant*, c'est-à-dire un corps ou une partie du corps qui semble vouloir disparaître. Le corps est étroit et contracté, ce qui le rend plus facile à faire disparaître ou à ne pas être trop présent ou visible dans un groupe. **C'est un corps qui ne veut pas prendre trop de place, à l'image du** *fuyant* **qui essaiera toute sa vie de ne pas utiliser trop d'espace.** Lorsqu'on a l'impression qu'il n'y a presque pas de chair sur les os, que la peau semble collée sur les os, on peut en déduire que la blessure de rejet est encore plus grande.

Le fuyant est une personne qui doute de son droit à l'existence et qui ne semble pas s'être incarnée complètement. C'est ce qui explique l'apparence d'un corps souvent fragmenté, incomplet, comme s'il manquait un morceau ou que les parties du corps n'allaient pas ensemble. Le côté droit du corps ou du visage peut, par exemple, être très différent du côté gauche. Tout cela se voit facilement à l'œil nu. Il n'est donc pas nécessaire de commencer à mesurer pour savoir si les deux côtés sont semblables. Souviens-toi qu'il est très rare de rencontrer quelqu'un dont les deux côtés du corps sont identiques.

Un corps fragmenté, incomplet signifie une partie du corps où tu as l'impression qu'il manque un morceau, comme les fesses, les seins, le menton, les chevilles beaucoup plus petites que les mollets ou un creux dans la région du dos, de la poitrine, du ventre, etc. Ça peut se manifester aussi par la non-conformité du haut et du bas du corps.

On peut dire qu'un corps est contracté lorsqu'on a l'impression que cette personne se replie sur elle-même. Ses épaules sont tournées vers l'avant et les bras sont souvent collés au corps. Il y a aussi une impression de blocage dans la croissance de ce dernier ou dans une de ses parties. C'est comme si une partie n'avait pas le même âge que tout le reste ou quand il est totalement contracté, on dirait un adulte dans un corps d'enfant.

Lorsque tu vois quelqu'un avec un corps difforme qui attire ta pitié, tu peux également déduire que cette personne souffre d'une blessure de rejet. L'âme a d'ailleurs choisi ce genre de corps avant de naître afin de se mettre dans une situation propice à dépasser cette blessure.

Le visage et les yeux du *fuyant* sont petits. Les yeux semblent vacants ou vides, car la personne affectée par cette blessure a tendance à fuir facilement dans son monde ou à être dans la lune (en astral). Les yeux sont souvent remplis de peurs. En regardant le visage d'une personne *fuyante*, il peut arriver d'avoir l'impression d'y voir un masque, surtout autour des yeux, car ils sont très cernés. Elle peut elle-même avoir l'impression de voir à travers un masque. Certaines personnes *fuyantes* m'ont partagé que cette impression pouvait rester pendant toute une journée alors que pour d'autres, seulement quelques minutes. C'est une façon de ne pas être vraiment présent à ce qui se passe pour éviter de souffrir, peu importe la durée.

Quand une personne possède toutes les caractéristiques précitées, sa blessure de rejet est beaucoup plus importante que si elle n'avait, par exemple, que les yeux du *fuyant*. Lorsque le corps de la personne indique environ 50 % des caractéristiques physiques propres au *fuyant*, on peut en déduire qu'elle porte son masque pour se protéger du rejet environ 50 % du temps. Ce serait le cas, par exemple, chez une personne qui a un corps assez gros mais avec un petit visage et les petits yeux du *fuyant* ou un corps assez gros et de très petites chevilles. N'avoir qu'une partie du corps qui correspond aux caractéristiques du *fuyant* indique que la blessure de rejet est moins grande.

Porter un masque signifie ne plus être nous-même. Nous adoptons une attitude différente dès le jeune âge en croyant qu'elle nous protégera. La première réaction d'une personne qui se sent rejetée est de fuir. L'enfant en voie de se créer un masque de *fuyant,* lorsqu'il se sent rejeté, est celui qui vivra le plus souvent dans son monde imaginaire. Ce qui explique pourquoi celui-ci est en général un enfant sage et tranquille ne causant pas de problèmes et ne faisant pas de bruit.

Il s'amuse seul dans son monde imaginaire et se construit des châteaux en Espagne. Il peut même croire que ses parents se sont trompés de bébé à l'hôpital ou qu'ils ne sont pas ses vrais parents. C'est le genre d'enfant à inventer différents moyens pour fuir la maison, son désir marqué d'aller à l'école en étant un, entre autres. Par contre, une fois à l'école, surtout s'il se sent rejeté ou qu'il se rejette lui-même, il se retrouve dans « la lune », parti dans son monde. Une dame m'a même partagé qu'elle se sentait « touriste » à l'école.

Par contre, ce genre d'enfant veut qu'on s'aperçoive qu'il existe même s'il ne croit pas beaucoup à son droit d'existence. Comme exemple, je pense à une petite fille qui s'était cachée derrière un meuble au moment où ses parents avaient des invités à la maison. Lorsqu'ils se sont aperçus qu'elle n'était plus là, tous se sont mis à la chercher et elle ne sortit pas de sa cachette tout en sachant que tous s'inquiétaient de plus en plus. Elle se disait : « Je veux qu'ils me trouvent. Je veux qu'ils se rendent compte que j'existe. » On voit par cet exemple que cette petite fille croit si peu en son droit d'exister qu'elle doit se créer des situations pour essayer de se le prouver.

Comme c'est souvent un enfant dont le corps demeure plus petit que la moyenne, il ressemble souvent à une poupée, à quelqu'un de fragile. C'est pourquoi la réaction de la mère consiste souvent à le surprotéger. Il se fait fréquemment dire qu'il est trop petit pour ci, trop petit pour ça. L'enfant y croit au point que son corps demeure petit. Pour celui-ci, être aimé devient donc « être étouffé ». Plus tard, sa réaction sera donc de rejeter ou de fuir lorsque quelqu'un l'aimera, car il aura encore peur de cet étouffement. Un enfant surprotégé se sent rejeté parce qu'il sent qu'il n'est pas accepté pour ce qu'il est. Pour tenter de compenser sa petitesse, les autres cherchent à tout faire et à tout penser pour lui et, au lieu de se sentir aimé dans ces circonstances, l'enfant se sent rejeté dans ses capacités.

Le *fuyant* préfère ne pas s'attacher aux choses matérielles, car elles l'empêcheraient de fuir à son goût. C'est comme s'il regardait de haut tout ce qui est matériel. Il se demande ce qu'il fait sur cette planète et il a de la difficulté à croire qu'il pourrait être heureux ici. Tout ce qui est relié à l'esprit l'attire davantage ainsi que le monde intellectuel. Il n'utilise pas souvent les choses matérielles pour se faire plaisir, car il les considère comme superflues. Une jeune femme me disait qu'elle n'avait aucun plaisir à magasiner. Elle le faisait pour se sentir vivante. Le *fuyant* reconnaît que l'argent est nécessaire mais qu'il ne lui apporte pas de plaisir.

Son détachement pour les choses matérielles lui amène des difficultés au niveau de sa vie sexuelle. Il peut finir par croire que la sexualité interfère avec la spiritualité. Plusieurs femmes *fuyantes* m'ont déjà dit qu'elles croyaient que le sexe n'était pas spirituel, surtout après qu'elles soient devenues mères. Lorsqu'elles deviennent enceintes, il arrive souvent que leur conjoint refuse même de faire l'amour pendant toute la grossesse. Les personnes *fuyantes* ont de la difficulté à concevoir qu'elles puissent avoir besoin de sexualité comme un être humain normal. Elles s'attirent des situations où elles se font rejeter au plan sexuel par un conjoint ou elles se coupent elles-mêmes de leur sexualité.

La blessure de rejet est vécue avec le parent du même sexe. Si tu te reconnais dans la description d'une personne qui se sent rejetée, ceci veut dire que tu as vécu ce rejet avec ton parent du même sexe. C'est ce parent qui a donc contribué le premier à éveiller ta blessure déjà existante. Il est alors normal et humain de ne pas l'accepter et de lui en vouloir au point de le haïr.

Le parent du même sexe a pour rôle de nous apprendre à aimer, à nous aimer et à donner de l'amour. Le parent du sexe opposé nous apprend à nous laisser aimer et à recevoir de l'amour.

En n'acceptant pas ce parent, il est aussi normal d'avoir décidé de ne pas l'utiliser comme modèle. Si tu te vois avec cette blessure, cette non-acceptation explique tes difficultés à t'accepter et à t'aimer, étant du même sexe que ce parent.

Le *fuyant* se croit nul, sans valeur. C'est pour cette raison qu'il va essayer par tous les moyens d'être parfait pour se valoriser à ses yeux et à ceux des autres. Le mot « NUL » est très présent dans son vocabulaire lorsqu'il parle de lui-même ou des autres. On l'entendra dire, par exemple :

♦ *« Mon patron me disait que j'étais nul, donc je suis parti. »*

♦ *« Ma mère est nulle dans tout ce qui concerne les travaux ménagers. »*

♦ *« Mon père a toujours été nul avec ma mère, comme mon mari l'est avec moi. Je ne la blâme pas d'être partie. »*

Au Québec, on utilise le mot « RIEN » dans le même sens que « NUL ». Par exemple :

* *« Je sais que je ne vaux rien, que les autres sont plus inté-ressants que moi. »*

* *« Peu importe ce que je fais, ça ne donne rien, c'est tou-jours à recommencer .»*

* *« Fais ce que tu veux, ça ne me fait rien. »*

Un homme fuyant partageait lors d'un atelier qu'il se sentait nul et bon à rien face à son père. Il disait : « Quand il me parle, je me sens écrasé et étouffé et je ne pense qu'à fuir, car je perds tous mes moyens avec lui. Sa seule présence m'opprime. » Une dame fuyante m'a raconté qu'à l'âge de 16 ans, elle avait décidé que sa mère n'était plus « rien » pour elle lorsque celle-ci lui avait dit qu'elle pouvait disparaître pour toujours, qu'elle pouvait même mourir, car ça l'arrangerait. Pour la fuir, elle s'était dès lors complètement coupée de sa mère.

Il est intéressant de remarquer que c'est surtout le parent du même sexe qui encourage la fuite de l'enfant qui se sent rejeté. Une situation que j'ai souvent entendue est celle de l'enfant qui veut partir de la maison et à qui le parent dit : « Bonne idée, va-t-en, on sera libéré! » L'enfant se sent alors davantage rejeté et en veut encore plus à son parent. Ce genre de situation se produit avec un parent qui a lui aussi la blessure de rejet. Il en-courage la fuite parce que ce moyen lui est familier, même s'il n'en est pas conscient.

Le mot *inexistant* fait aussi partie du vocabulaire du *fuyant*. Par exemple, aux questions « comment va ta vie sexuelle? » et « comment sont tes relations avec telle personne? », un *fuyant* répondra *inexistante*, alors que la plupart des gens diraient simplement que ça ne va pas.

Il utilise également le mot *disparaître*. Il dira par exemple : « Mon père traitait ma mère de putain... et je voulais disparaître » ou « Je voulais que mes parents disparaissent.»

Le *fuyant* recherche la solitude, car s'il recevait beaucoup d'attention, il aurait peur de ne pas savoir quoi faire. C'est comme si son existence était de trop. En famille et dans n'importe quel groupe, il s'efface. Il croit qu'il doit subir plein de situations désagréables, comme s'il n'avait pas le droit de riposter. De toute façon, il ne voit pas ce qu'il pourrait faire d'autre. Prenons l'exemple d'une petite fille qui demande à sa mère de l'aider dans ses travaux scolaires et qui se fait répondre : « Va voir ton père. Tu ne vois pas que je suis trop occupée et qu'il n'a rien à faire? » Se sentant rejetée, sa première réaction est de se dire : « C'est ça, je ne suis pas assez aimable, c'est pour ça que ma mère ne veut pas m'aider » et elle se trouvera un endroit pour être seule.

Le *fuyant* a généralement très peu d'amis à l'école et plus tard aussi au travail. On le considère comme solitaire et on le laisse seul. Plus il s'isole et plus il semble devenir invisible. Il entre dans un cercle vicieux : il met son masque de *fuyant* lorsqu'il se sent rejeté pour ne pas souffrir; il devient tellement effacé que les autres ne le voient plus. Il se retrouve de plus en plus seul et se donne ainsi raison de se sentir rejeté.

La situation que je vais te décrire m'est arrivée à plusieurs reprises à la fin de mes ateliers au moment où chacun partage ce en quoi l'atelier les a aidés. Quelle n'est pas ma surprise de constater la présence d'une personne en particulier que je n'a-

vais pas remarquée durant les deux jours de l'atelier! Je me
dis : « Mais où était-elle tout ce temps-là? » Peu après, je me
rends compte qu'elle a un corps de *fuyant* et qu'elle s'est ar-
rangée pour ne pas parler, ne pas poser de questions durant l'a-
telier et qu'elle s'est assise derrière les autres de façon à ne pas
être trop en vue. Quand je fais remarquer à ces personnes qu'elles ont été très effacées, elles me répondent presque invariable-
ment : « Je n'avais rien d'intéressant à dire. C'est pour cette
raison que je n'ai pas parlé. »

En effet, le *fuyant* parle peu généralement. S'il se met à s'exprimer beaucoup, ce sera pour essayer de se mettre en valeur et
ses paroles peuvent sembler orgueilleuses aux yeux des autres.

Le *fuyant* développe souvent des problèmes de peau pour ne
pas être touché. La peau étant un organe de contact, son aspect
peut attirer ou repousser une autre personne. Un problème de
peau chez une personne est un moyen inconscient pour ne pas
être touchée, et ce, surtout à l'endroit où se situe le problème. Je
me suis même fait dire plusieurs fois par des personnes *fuyantes* : « J'ai l'impression que lorsqu'on me touche, on me sort de
mon cocon. » Cette blessure de rejet amène la personne à
croire que si elle vit dans son monde, elle ne souffrira plus, car
elle ne se rejettera pas et ne sera pas rejetée par les autres. C'est
pourquoi, dans un groupe, il lui arrive souvent de ne pas vouloir participer et de s'effacer. Elle se retire dans son cocon.

C'est aussi pourquoi le *fuyant* part en astral facilement. Malheureusement, il est plus souvent inconscient de partir que l'inverse. Il peut même penser que ce phénomène est normal et
croire que les autres sont souvent « dans la lune », comme lui. Il
est souvent éparpillé dans ses idées. On peut l'entendre dire
parfois : « J'ai besoin de me rassembler. » Il a l'impression

d'être en morceaux. Cette sensation est particulièrement présente chez celui dont le corps semble être un rassemblement de morceaux disparates. J'ai également entendu des *fuyants* dire : « Je me sens coupé des autres. C'est comme si je n'étais pas là. » Il y a même certaines personnes qui m'ont dit avoir la nette impression d'avoir une séparation à la taille, entre le haut et le bas du corps, comme si un fil les serrait à la taille. J'ai connu une dame qui sentait ce fil la séparer sous les seins. Après avoir utilisé la technique d'abandon que j'enseigne dans l'un de mes ateliers, elle a senti le haut et le bas de son corps se rattacher et fut toute surprise de cette nouvelle sensation. Cela lui a permis de réaliser qu'elle n'était pas véritablement dans son corps depuis son enfance. Elle n'avait pas connu ce que « être branchée sur terre » signifiait.

J'ai remarqué dans les ateliers, surtout chez les femmes *fuyantes*, qu'elles sont portées à s'asseoir sur une chaise, les jambes croisées sous les cuisses. Leur préférence serait de s'asseoir par terre. En n'ayant pas les pieds bien branchés au sol, elles peuvent s'évader plus facilement. Le fait d'avoir payé pour assister au stage indique qu'une partie d'elles veut être là, bien qu'elles éprouvent de la difficulté à s'intégrer. Je leur dis donc qu'elles ont le choix d'être parties dans l'astral et de manquer ce qui se passe ou bien de rester branchées à l'endroit où elles sont et d'être présentes à ce qui se passe.

Comme je le dis plus haut, le *fuyant* ne s'est pas senti accepté ni accueilli par son parent du même sexe. Cela ne veut pas dire que ce parent l'a nécessairement rejeté. C'est bien lui-même qui s'est senti ainsi. Cette même âme serait revenue avec une blessure d'humiliation à guérir et elle se serait sentie humiliée avec les mêmes parents ayant la même attitude. Par contre, il va de soi que le *fuyant* s'attire plus d'expériences de véritable rejet qu'une autre personne, comme un frère ou une sœur, qui n'aurait pas cette blessure.

La personne qui souffre de rejet recherche sans cesse l'amour du parent du même sexe qu'elle, soit avec ce parent ou soit en transférant sa quête vers d'autres personnes du même sexe. Elle croit ne pas être un individu complet tant qu'elle n'aura pas conquis l'amour de ce parent. Elle est très sensible à la moindre petite remarque venant de ce parent et se sent rejetée facilement. Elle développe de la rancune, voire souvent de la haine, tellement la souffrance est forte. Souviens-toi que ça demande beaucoup d'amour pour haïr. C'est un grand amour déçu qui se transforme en haine. La blessure de rejet est tellement profonde que le *fuyant* demeure, parmi les cinq caractères, le plus enclin à la haine. Il peut passer facilement par une phase de grand amour à une autre de grande haine. Cela indique sa grande souffrance intérieure.

Avec le parent du sexe opposé, le *fuyant* a plutôt peur de le rejeter lui-même. Il se retient donc dans ses actions ou ses paroles face à lui. Il n'est pas lui-même à cause de sa blessure. Il fait des pirouettes pour ne pas rejeter ce parent parce qu'il ne veut pas qu'on l'accuse de rejeter quelqu'un d'autre. Par contre, avec le parent du même sexe, il veut que ce soit ce parent qui fasse des pirouettes pour lui éviter de se sentir rejeté. Il ne veut pas voir, encore une fois, que sa blessure non guérie lui cause ce sentiment de rejet et que ça n'a rien à voir avec ce parent. S'il vit une expérience de rejet avec le parent ou une autre personne du sexe opposé, il s'accuse lui-même de cette situation et se rejette en se disant que c'est de sa faute si l'autre l'a rejeté.

Si tu te vois avec la blessure de rejet, il est bien important d'accepter que même si ton parent te rejette réellement, **c'est**

parce que ta blessure n'est pas guérie que tu attires à toi ce genre de parent et de situation. Si tu continues à croire que tout ce qui t'arrive est de la faute des autres, cette blessure ne pourra pas guérir. En conséquence de ta réaction à tes parents, tu te sens donc plus facilement rejeté par les personnes du même sexe que toi et tu as peur de rejeter les personnes du sexe opposé. À force d'avoir peur de les rejeter, ne sois pas surpris de finir par le faire. Je te rappelle que plus nous nourrissons une peur, plus elle se concrétise rapidement.

> *Plus la blessure de rejet est forte chez une personne, plus elle s'attire des circonstances pour être rejetée ou rejeter quelqu'un d'autre.*

Plus le fuyant se rejette lui-même, plus il a peur de se faire rejeter. Il se dévalorise sans cesse. Il se compare souvent à mieux que lui, ce qui le porte à croire qu'il est moins bien que les autres. Il ne voit pas qu'il peut être mieux que quelqu'un d'autre dans certains domaines. Il a même de la difficulté à croire que quelqu'un d'autre puisse le choisir comme ami, comme conjoint ou que les gens puissent l'aimer véritablement. Une mère me racontait que lorsque ses enfants lui disaient qu'ils l'aimaient, elle ne comprenait pas pourquoi!

Le *fuyant* vit ainsi dans l'ambivalence. Quand il est choisi, il ne le croit pas et se rejette lui-même pour finir parfois par saboter une situation. Lorsqu'il n'est pas sélectionné, il se sent rejeté par les autres. Quelqu'un qui venait d'une famille de plusieurs enfants me racontait que son père ne le choisissait jamais pour quoi que ce soit. Il en déduisait tout de suite que les autres étaient mieux que lui. Il n'est donc pas surprenant qu'ils aient été choisis avant lui. C'est un cercle vicieux.

Il n'est pas rare pour un *fuyant* de dire ou de penser que ce qu'il dit ou fait n'a pas de valeur. Lorsqu'il a trop d'attention, il perd ses moyens, il a peur de prendre trop de place. S'il utilise beaucoup d'espace, il croit déranger. Être dérangeant pour lui signifie qu'il sera rejeté par la ou les personnes qu'il importune ou qu'il croit tracasser. Même dans le ventre de sa mère, le *fuyant* ne prenait pas beaucoup de place. Il continuera à être effacé ainsi tant et aussi longtemps que sa blessure ne sera pas guérie.

Lorsqu'il parle et que quelqu'un lui coupe la parole, sa réaction immédiate est de penser qu'il n'est pas important et il arrête habituellement de parler. Une personne qui n'a pas la blessure de rejet penserait plutôt que c'est ce qu'elle dit qui n'est pas important plutôt qu'elle-même. Le *fuyant* a également de la difficulté à dire son opinion quand on ne la lui demande pas parce qu'il croit que les autres se sentiront confrontés et le rejetteront.

S'il a une demande à faire à quelqu'un et que la personne est occupée, il laissera tomber et ne dira rien. Il sait ce qu'il veut mais il n'ose pas le demander, croyant que ce n'est pas assez important pour déranger l'autre.

Plusieurs femmes m'ont partagé que depuis leur adolescence, elles ont cessé de se confier à leur mère par peur de ne pas être comprises. Elles croient qu'être comprises, c'est être aimées. Être compris n'a rien à voir avec être aimé. **Aimer, c'est accepter l'autre même si on ne le comprend pas.** À cause de cette croyance, elles deviennent des personnes évasives quand elles parlent. Elles essaient ainsi de fuir le sujet et craignent d'en aborder un autre. Par conséquent, elles agissent ainsi avec les autres femmes. Ne pas oublier que si un homme est *fuyant*, il vit la même chose avec son père et les autres hommes.

Une autre caractéristique du *fuyant* est de rechercher la perfection dans tout ce qu'il fait, car il croit que s'il fait une erreur, il sera jugé. Pour lui, être jugé équivaut à être rejeté. Comme il ne croit pas à la perfection de son être, il se reprend en essayant d'atteindre la perfection dans ce qu'il fait. Il confond malheureusement le *être* avec le *faire*. Sa recherche de perfection peut même devenir obsessionnelle. Il veut tellement tout *faire* à la perfection que toute tâche lui prend plus de temps que nécessaire. Il s'attire ainsi d'autres situations de rejet de la part des autres.

La plus grande peur du *fuyant* est la *panique*. Aussitôt qu'il pense qu'il pourrait paniquer dans une situation, sa première réaction est de se sauver, de se cacher ou de fuir. Il préfère disparaître parce qu'il sait qu'en état de panique, il fige sur place. Il croit qu'en fuyant ainsi, il s'évitera un malheur. Il est tellement convaincu de ne pas pouvoir la gérer qu'il finit par croire facilement à une possibilité de panique future alors que ce n'est pas le cas. Vouloir disparaître est tellement inné chez le *fuyant* que lors de régressions à l'état fœtal, j'ai souvent entendu ces personnes dire qu'elles essayaient même de se cacher dans le ventre de leur mère. On peut voir que ça commence très tôt.

Comme on attire dans sa vie le genre de situations ou de personnes dont on a peur, le *fuyant* s'attire fréquemment des situations ou des personnes pouvant le faire paniquer. Sa peur rend la situation encore plus dramatique. Il trouve toujours toutes sortes de bonnes raisons pour justifier ses départs, ses fuites.

Le *fuyant* panique et fige sur place plus facilement avec le parent ou les personnes du même sexe que lui (surtout celles qui lui rappellent ce parent). Avec le parent ou les personnes du sexe opposé, il ne vit pas la même peur. Il peut leur faire face plus facilement. J'ai remarqué aussi que le *fuyant* utilise souvent le mot *panique* dans son vocabulaire. Il dira par exemple : « J'ai une peur panique à l'idée d'arrêter de fumer. » Une personne n'ayant pas cette blessure de rejet aurait tout simplement dit qu'elle avait de la difficulté à arrêter de fumer.

Notre ego fait tout ce qu'il peut pour que nous ne voyions pas nos blessures. Pourquoi? Parce que nous lui avons donné ce mandat inconsciemment. Nous avons tellement peur de revivre la douleur associée à chaque blessure que nous évitons par tous les moyens de nous avouer que si nous vivons du rejet, c'est parce que nous nous rejetons nous-même. Ceux qui nous rejettent sont dans notre vie pour nous montrer à quel degré nous nous rejetons nous-même.

La peur de paniquer fait aussi perdre la mémoire au *fuyant* dans plusieurs situations. Il peut croire qu'il a un problème de mémoire quand, en réalité, il s'agit d'un problème de peur. Je remarque fréquemment pendant le stage *Devenir animateur/conférencier* que lorsqu'un participant au caractère *fuyant* doit venir en avant faire un exposé ou une mini-conférence devant les autres, même s'il est bien préparé et qu'il connaît sa matière, à la dernière minute, sa peur devient tellement forte qu'il a un blanc de mémoire. Il quitte même son corps parfois devant nous tous, figeant sur place comme une personne dans la lune. Heureusement que ce problème se corrige de lui-même au fur et à mesure que le *fuyant* règle sa blessure de rejet.

Suite à ce qui est mentionné dans ce chapitre, il va de soi que la blessure de *rejet* affecte notre façon de communiquer. Les peurs du *fuyant* qui l'empêchent de communiquer clairement et de faire ses demandes sont les suivantes : peur de ne pas être intéressant, d'être considéré comme nul ou sans valeur, d'être incompris, de paniquer, que l'autre l'écoute par obligation ou par politesse. Si tu te vois avec ces peurs, voilà un bon moyen pour découvrir que tu n'es pas toi-même et que c'est ta blessure de *rejet* qui prend le dessus.

Il est intéressant d'observer que nos blessures affectent aussi notre façon de nous alimenter. L'humain alimente son corps physique de la même façon que ses corps émotionnel et mental. Au niveau de son alimentation, le *fuyant* préfère de petites portions et a souvent l'appétit coupé lorsqu'il vit de la peur ou des émotions intenses. Parmi les types mentionnés, le *fuyant* est le plus prédisposé à souffrir d'anorexie. L'anorexique se coupe presque totalement de la nourriture, car il se croit trop gros quand, en réalité, il est maigre. Il utilise cette méthode pour essayer de disparaître. Quand il lui arrive de manger gloutonnement, il tente de fuir par la nourriture. Cependant, c'est une façon de fuir plutôt rare chez le *fuyant*. Il choisit plus souvent l'alcool ou la drogue pour fuir.

Il est porté aux choses sucrées lorsqu'il a très peur. Comme la peur vide une personne de son énergie, il est habituel pour l'humain de croire qu'en mangeant du sucre, il aura plus d'énergie. Malheureusement, cet apport de sucre ne fournit qu'une énergie temporaire qui doit être renouvelée souvent.

Nos blessures nous empêchent d'être nous-même. Cela crée un blocage et finit par engendrer des maladies. Chaque type s'attire des malaises et des maladies spécifiques en fonction de leur attitude intérieure.

Voici quelques malaises et maladies qui peuvent se manifester chez le *fuyant* :

⊚ Il souffre fréquemment de DIARRHÉES, car il rejette sa nourriture avant que le corps ait eu le temps de bien assimiler les éléments nutritifs tout comme il se rejette ou rejette trop vite une situation qui pourrait être bonne pour lui.

⊚ D'autres souffrent d'ARYTHMIE, une irrégularité du rythme cardiaque. Lorsque leur cœur commence à battre à une vitesse folle, ils ont l'impression que leur cœur veut sortir de la poitrine, partir. C'est une autre façon de vouloir fuir une situation pénible.

⊚ J'ai mentionné plus tôt que la blessure de rejet fait tellement mal qu'il est donc tout à fait normal pour un *fuyant* de haïr son parent du même sexe, celui qu'il a accusé dans son enfance de l'avoir fait souffrir. Il éprouve toutefois beaucoup de difficulté à se pardonner d'en avoir voulu à ce parent d'où sa préférence à ne pas voir ou ne pas savoir qu'il lui en a voulu ou qu'il lui en veut encore. S'il ne se donne pas le droit de haïr son parent du même sexe, il peut développer un CANCER, maladie associée à la rancune ou à la haine suite à une douleur vécue dans l'isolement.
Quand une personne arrive à s'avouer qu'elle en a voulu à son parent, elle n'aura pas le cancer. Elle peut se créer une maladie violente si elle entretient des idées de violence envers ce parent, mais ce ne sera pas le cancer. Celui-ci se manifeste surtout chez la personne qui a beaucoup souffert et qui s'accuse elle-même. Elle ne veut pas voir qu'elle en a

voulu à son parent parce qu'admettre sa rancune serait l'équivalent d'avouer qu'elle est une personne méchante et sans cœur. Ce serait aussi consentir qu'elle rejette ce parent alors qu'elle accuse ce dernier de la rejeter.

Le *fuyant* ne s'est pas donné le droit d'être enfant. Il s'est forcé pour être mature rapidement parce qu'il croyait qu'il serait moins rejeté ainsi. C'est pour cette raison que son corps ou une partie de son corps ressemble à celui d'un enfant. Le cancer indique qu'il ne donne pas le droit à l'enfant en lui d'avoir souffert. Il n'accepte pas que ce soit tout à fait humain d'en vouloir au parent que nous avons cru responsable de notre souffrance.

⊙ Parmi les autres malaises et maladies qui peuvent affecter le *fuyant,* on retrouve aussi les PROBLÈMES RESPIRATOIRES, surtout lorsqu'il panique.

⊙ Il est également sujet aux ALLERGIES, reflet du rejet qu'il vit par rapport à certains aliments ou substances.

⊙ Il peut aussi choisir le VOMISSEMENT de la nourriture qu'il vient d'absorber pour indiquer son rejet d'une personne ou d'une situation. J'ai déjà entendu des jeunes personnes dire : « Je voudrais vomir ma mère (ou mon père). » Le *fuyant* peut exprimer son envie de « vomir » une personne ou une situation en disant : « Tu m'écœures! » ou « Ça m'écœure! » C'est leur façon d'exprimer leur envie de rejeter quelqu'un ou quelque chose.

⊙ Pour le *fuyant,* s'évanouir ou souffrir d'ÉTOURDISSEMENT demeurent d'autres moyens pour fuir une situation ou une personne.

- Dans des cas plus sérieux, le *fuyant* utilise le COMA pour fuir.

- La personne *fuyante* souffrant d'AGORAPHOBIE utilise ce trouble du comportement pour fuir certaines personnes ou situations qui pourraient la faire paniquer. (Voir définition de ce trouble comportemental à la page 67.)

- Si le *fuyant* abuse du sucre, il peut s'attirer des maladies du pancréas comme l'HYPOGLYCÉMIE ou le DIABÈTE.

- S'il développe beaucoup de haine pour un parent suite à la douleur causée par le rejet qu'il a vécu et qu'il vit encore et qu'il se croit rendu à sa limite émotionnelle et mentale, il peut devenir DÉPRESSIF ou MANIACO-DÉPRESSIF. S'il pense au suicide, il n'en parle pas et s'il décide de passer à l'action, il fera tout ce qu'il peut pour ne pas se manquer. Ceux qui parlent souvent de se suicider et qui se manquent lorsqu'ils passent à l'action sont plutôt ceux qui souffrent d'abandon. J'en parle au chapitre suivant.

- Le *fuyant,* ayant de la difficulté étant jeune à se reconnaître comme un humain à part entière, est porté à essayer de devenir comme quelqu'un d'autre : il se perd dans la personnalité d'une autre personne qu'il admire, par exemple, la jeune fille qui veut devenir Marilyn Monroe. Elle peut continuer ainsi en passant de modèle en modèle. Le danger avec ce comportement excessif est qu'il peut se transformer plus tard en PSYCHOSE.

Les malaises ou maladies précités peuvent aussi se manifester chez des personnes aux prises avec les autres types de blessures mais ils semblent beaucoup plus courants chez les personnes souffrant de rejet.

Si tu as reconnu la blessure du rejet en toi, il est plus que probable que ton parent du même sexe se soit lui aussi senti rejeté par son parent du même sexe. De plus, il y a de fortes chances qu'il se sente rejeté par toi également. Même si c'est peut-être inconscient de part et d'autre, cette constatation s'est avérée juste après vérification auprès de milliers de personnes du type *fuyant*.

Souviens-toi que la raison principale de la présence de n'importe quelle blessure vient de l'incapacité à se pardonner celle que nous nous faisons ou que nous avons fait aux autres. Il est difficile de se pardonner, car, en général, nous ne voyons même pas que nous nous en voulons. Plus la blessure de rejet est importante, plus cela signifie que tu te rejettes ou que tu rejettes d'autres personnes, des situations ou des projets.

> ***Nous reprochons aux autres tout ce que nous faisons nous-même et ne voulons pas voir.***

C'est la raison pour laquelle nous attirons autour de nous des personnes qui nous montrent ce que nous faisons aux autres ou à nous-même.

Un autre moyen pour devenir conscient que nous nous rejetons ou rejetons une autre personne est la honte. En effet, nous vivons un sentiment de honte lorsque nous voulons nous cacher ou dissimuler un comportement. Il est normal de trouver honteux d'avoir des conduites que nous reprochons aux autres. Nous ne voulons surtout pas qu'ils découvrent que nous agissons comme eux.

*N'oublie pas que tout ce qui précède n'est vécu que
lorsqu'une personne souffrant de rejet décide de
porter son masque de fuyant, croyant ainsi éviter de
souffrir selon la gravité de la blessure. Ce masque
est porté parfois quelques minutes par semaine,
parfois presque en permanence.*

Les comportements propres au fuyant sont dictés par la peur de revivre la blessure de rejet. Par contre, il est probable que tu t'identifies dans certains comportements et non dans tout ce que j'ai écrit. Il est presque impossible pour une personne de se reconnaître dans tous les comportements mentionnés. Toutes les blessures ont chacune leurs comportements et attitudes intérieures propres. Ces façons de penser, de sentir, de parler et d'agir reliées à chaque blessure indiquent donc une réaction à ce qui se passe dans la vie. Une personne en réaction n'est pas centrée, pas dans son cœur et ne peut pas être bien ou heureuse. Voilà pourquoi il est si utile d'être conscient des moments où tu es toi-même ou en réaction. Ce faisant, il devient possible pour toi de devenir maître de ta vie au lieu de te laisser diriger par tes peurs.

Ce chapitre a pour but de t'aider à devenir conscient de la blessure de rejet. Si tu te vois dans la description du masque du *fuyant*, le dernier chapitre contient toutes les informations dont tu auras besoin pour guérir cette blessure et redevenir toi-même, sans croire que la vie est remplie de rejet. Si tu ne te vois pas dans celle-ci, je te suggère de vérifier auprès de ceux qui te connaissent bien s'ils sont d'accord avec toi avant d'en écarter la possibilité. J'ai déjà mentionné qu'il est possible d'avoir seulement une petite blessure de rejet. En tel cas, tu ne posséderais que certaines des caractéristiques. Je te rappelle qu'il est important de te fier à la description d'abord physique, car le corps physique ne ment jamais, contrairement à nous qui pouvons nous faire accroire facilement.

Si tu reconnais cette blessure chez quelques personnes dans ton entourage, tu ne dois pas essayer de les changer. Utilise plutôt ce que tu apprends dans ce livre pour développer plus de compassion pour eux, pour mieux comprendre leurs comportements réactifs. Il est préférable qu'ils lisent eux-mêmes ce livre s'ils démontrent un intérêt en ce sens, plutôt que de tenter de leur expliquer le contenu dans tes mots.

Caractéristiques de la blessure de REJET

Éveil de la blessure : De la conception à un an. Ne pas sentir le droit d'exister. **Avec le parent du même sexe.**

Masque : Fuyant

Parent : Même sexe

Corps : Contracté, étroit, mince ou fragmenté.

Yeux : Petits, avec de la peur ou impression de masque autour des yeux.

Vocabulaire : « nul » • « rien » • « inexistant » • « disparaître »

Caractère : Détaché du matériel. Perfectionniste. Intellectuel. Passe par des phases de grand amour à des phases de haine profonde. Ne croit pas à son droit d'exister. Difficultés sexuelles. Se croit nul, sans valeur. Recherche la solitude. Effacé. Capacité de se rendre invisible. Trouve différents moyens pour fuir. Part en astral facilement. Se croit incompris. Difficulté à laisser vivre son enfant intérieur.

Plus grande peur : la panique.

Alimentation : appétit coupé par les émotions ou la peur. Petites portions. Pour fuir : sucre, alcool ou drogue. Prédisposition à l'anorexie.

Maladies possibles : peau • diarrhée • arythmie • cancer • problèmes respiratoires • allergies • vomissement • évanouissement • coma • hypoglycémie • diabète • dépression • suicidaire • psychose.

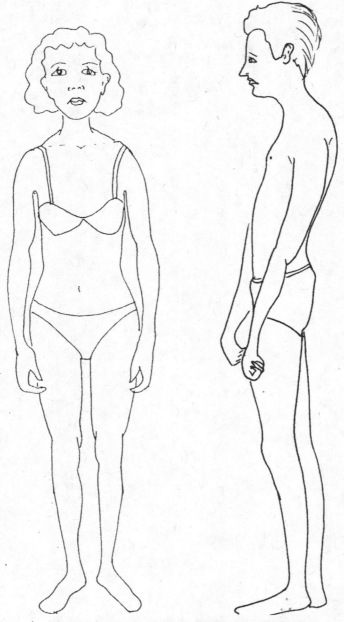

PHYSIQUE DU DÉPENDANT
(Blessure d'abandon)

CHAPITRE 3
L'ABANDON

Abandonner quelqu'un, c'est le quitter, le laisser, ne pas vouloir s'en occuper. Plusieurs personnes confondent le rejet et l'abandon. Regardons ensemble la différence. Si dans un couple par exemple, l'un des partenaires décide de rejeter l'autre, il le repousse pour ne plus l'avoir à ses côtés. Si, par contre, il décide de l'abandonner, il le quitte, il s'en va pour s'en éloigner temporairement ou définitivement.

La blessure vécue dans le cas d'un abandon se situe davantage au niveau du *avoir* et du *faire* plutôt qu'au niveau de l'*être* comme c'est le cas dans la blessure du rejet. Voici quelques exemples de situations pouvant réveiller la blessure d'abandon chez un enfant.

Un petit enfant peut se sentir abandonné...

... si sa mère se trouve tout à coup très occupée avec un nouveau bébé. Le sentiment d'abandon sera d'autant plus fort si le bébé nécessite plus de soins parce qu'il est souvent malade ou handicapé. L'enfant aura l'impression que sa mère le quitte continuellement pour s'occuper du bébé. Il commencera à croire que ce sera ainsi pour toujours, qu'il ne retrouvera plus jamais sa maman d'autrefois.

... si ses parents partent travailler tous les jours et ont très peu de temps pour lui.

... lorsqu'il est amené à l'hôpital et qu'on doit le laisser là-bas. Il ne comprend pas ce qui lui arrive. S'il est conscient qu'il a été le moindrement détestable dans les semaines précédentes et s'il a senti que ses parents en avaient assez de lui, le sentiment d'abandon pourrait être plus prononcé. À l'hôpital, il pourrait décider de croire que ses parents l'ont abandonné pour toujours. Même si ses parents vont le voir tous les jours, la douleur enregistrée au moment où il s'est senti abandonné prend le dessus. Cette souffrance l'incite à commencer à se créer un masque, croyant que celui-ci l'aidera à ne plus revivre cette douleur.

... lorsque ses parents l'emmènent chez une gardienne, pendant leurs vacances, même si c'est chez grand-maman.

... si sa mère est toujours malade et que son père est trop occupé ou absent pour s'occuper de lui. Il est obligé de se débrouiller tout seul.

J'ai connu une dame qui a eu une peur terrible lorsque son père est décédé alors qu'elle avait 18 ans. Ce décès, qui fut pour elle comme un abandon de sa part, a été très marquant, car depuis plusieurs années, sa mère ne cessait de lui dire qu'elle la mettrait à la porte dès qu'elle aurait 21 ans. Cette dame, qui se sentait rejetée par sa mère, a eu peur, car elle ne faisait que penser : « *Que va-t-il m'arriver sans papa pour s'occuper de moi lorsque je devrai partir toute seule de la maison familiale?* »

Plusieurs personnes souffrant de la blessure d'abandon ont témoigné d'un manque de communication de la part de leur parent du sexe opposé lorsqu'elles étaient jeunes. Elles trouvaient ce parent trop renfermé et lui en voulaient de laisser l'autre parent prendre toute la place. Plusieurs de ces personnes étaient convaincues qu'elles n'intéressaient pas leur parent du sexe opposé.

Selon mes observations, **la blessure d'abandon est vécue avec le parent du sexe opposé.** Par contre, j'ai remarqué que très souvent une personne souffrant d'abandon vit aussi du rejet. Étant jeune, elle s'est sentie rejetée par son parent du même sexe et abandonnée par le parent du sexe opposé qui, selon elle, aurait dû s'occuper davantage d'elle et aurait surtout dû veiller à ce qu'elle soit moins rejetée par l'autre parent. Un enfant peut vivre une expérience où il se sent abandonné par son parent du même sexe mais, en réalité, c'est la blessure de rejet qu'il ressent avec ce parent. Pourquoi? Parce que son parent du même sexe qui ne s'occupe pas de lui agit ainsi parce qu'il se rejette lui-même et c'est ça que l'enfant sent au plus profond de lui-même. Lorsqu'un parent se rejette et qu'il a un enfant du même sexe que lui, il est tout à fait normal et humain qu'il rejette cet enfant, même inconsciemment, car celui-ci le ramène à lui-même constamment. L'exemple de la dame qui a perdu son père à 18 ans illustre bien cette double blessure de rejet et d'abandon.

En approfondissant davantage cette étude de caractère, tu réaliseras que la majorité des gens ont plusieurs blessures. Toutefois, elles n'ont pas toutes le même degré de douleur.

Ceux qui souffrent d'abandon ne se sentent pas assez nourris affectivement. Le manque de nourriture physique peut aussi causer la blessure d'abandon qui commence habituellement avant l'âge de deux ans. Le masque que l'humain se crée pour tenter de se cacher sa blessure est celui de *DÉPENDANT*. J'utiliserai donc ce mot pour décrire la personne qui souffre d'abandon. Je l'appellerai tout au long du livre le *dépendant*.

❧ *L'abandon* ❧

Ce masque est caractérisé par un corps qui manque de tonus. Un corps long, mince et qui s'affaisse indique une blessure d'abandon plus importante. Le système musculaire est sous-développé et semble ne pas pouvoir tenir le corps droit tout comme s'il avait besoin d'aide. Le corps exprime exactement ce qui se passe à l'intérieur d'une personne. Le *dépendant* croit qu'il ne peut arriver à rien tout seul et qu'il a besoin de quelqu'un d'autre pour le supporter. Son corps reflète ce besoin de soutien. On peut facilement voir en cette personne le petit enfant qui a besoin d'aide.

De grands yeux tristes indiquent aussi la blessure d'abandon; ce sont des yeux qui semblent vouloir attirer l'autre par le regard. Les jambes sont faibles. On a souvent l'impression que les bras sont trop longs, qu'ils pendent le long du corps. C'est le genre de personne qui ne semble pas savoir quoi faire de ses bras lorsqu'elle se tient debout, surtout lorsque d'autres personnes la regardent. Lorsqu'une partie du corps semble située plus basse que la norme, cela est aussi une caractéristique du masque de *dépendant*. Il peut aussi avoir le dos courbé, comme si sa colonne ne pouvait le supporter complètement. Certaines parties du corps peuvent être tombantes ou flasques comme les épaules, les seins, les fesses, les joues, le ventre, le scrotum chez les hommes, etc.

Comme tu peux voir, la caractéristique la plus frappante chez le *dépendant* est le manque de tonus des chairs. Aussitôt que tu vois une partie du corps qui est molle, tu peux en déduire que cette personne porte le masque de *dépendant* pour cacher sa blessure d'abandon.

N'oublie pas que c'est l'intensité de la blessure qui détermine l'épaisseur du masque. Une personne très *dépendante* aura toutes les caractéristiques mentionnées plus haut. Si une autre n'en a que quelques-unes, c'est que sa blessure est moins grande. Il est important de savoir que dans le cas où une personne est grosse et manque de tonus dans certaines parties de son corps, son excès de poids indique une autre blessure que nous verrons plus loin dans ce livre, alors que son manque de tonus indique sa blessure d'abandon.

Tu devras aussi apprendre à bien faire la différence entre le masque de *fuyant* et celui du *dépendant*. Il peut y avoir deux personnes très minces à côté de toi; l'une est *fuyante* tandis que l'autre est *dépendante*. Toutes les deux peuvent avoir de petites chevilles et petits poignets. La différence se voit surtout dans le tonus. La personne *fuyante*, malgré sa minceur ou sa petitesse, se tiendra bien, tandis que la personne *dépendante* aura une posture qui s'affaisse. On a l'impression que le *fuyant* a plutôt la peau collée aux os mais avec un système musculaire solide, tandis que le *dépendant* a plus de chair mais il manque de tonus.

Lorsqu'une personne souffre des deux blessures de rejet et d'abandon, tu pourras retrouver dans son corps certaines caractéristiques du *fuyant* et du *dépendant*. La blessure qui saute aux yeux le plus indique celle dont la personne souffre le plus souvent.

Regarder les gens autour de soi pour découvrir leurs blessures est un excellent exercice d'intuition. Parce que le corps nous dit tout sur la personne, il y a de plus en plus de gens qui essaient, par tous les moyens, de modifier l'apparence de leur corps, par exemple avec la chirurgie esthétique ou le développement excessif des muscles par l'haltérophilie. Lorsque nous tentons de cacher aux autres notre corps, nous essayons de dissimuler les blessures qui correspondent aux parties altérées.

C'est vraiment avec notre intuition que nous pouvons découvrir chez les autres ces parties transformées. J'ai rencontré ce genre de personne à plusieurs reprises. Par exemple, en observant une cliente lors d'une consultation, j'observe chez elle une belle poitrine ferme alors que ma toute première impression en la regardant a été de la voir avec des seins pendants. C'est un « flash » de quelques secondes. Comme j'ai appris à faire confiance à mon intuition, je lui dis : « C'est drôle, je te regarde et je remarque de beaux seins fermes, mais j'ai vu très vite un peu plus tôt des petits seins pendants. Est-il possible que tu aies été opérée? » Elle me confirme qu'effectivement elle avait eu recours à la chirurgie esthétique parce qu'elle n'aimait pas ses seins.

Il est un peu plus difficile de bien voir certains détails, surtout le tonus de la chair chez la femme à cause des soutiens-gorge, des coussinets pour rembourrer les épaules et les fesses et d'autres accessoires qui sèment la confusion. De toute façon, la personne qui se regarde dans le miroir ne peut pas se mentir. Il est donc recommandé de suivre son intuition et le premier sentiment qui monte en regardant une autre personne.

Je connais des hommes qui font de l'haltérophilie depuis qu'ils sont jeunes et pourtant, malgré leurs beaux gros muscles, on peut sentir un manque de tonus quand même. C'est ce qui explique que lorsque ces hommes arrêtent leurs exercices physiques, ils se retrouvent avec un corps très flasque. Cela se produit seulement chez les hommes *dépendants*. Ce n'est pas parce qu'on cache une blessure par des moyens physiques que la blessure est réglée. Je reviens à mon exemple de plaie sur une main cité au premier chapitre. Même lorsque la personne cache sa main dans un gant ou derrière son dos, sa blessure n'est pas guérie pour autant.

Le *dépendant* est celui des cinq différents types qui est le plus apte à devenir victime. Il y a de fortes chances qu'un de ses parents ou même les deux soient aussi victimes. Une victime, c'est une personne qui crée dans sa vie des difficultés de toutes sortes : surtout des problèmes de santé pour attirer l'attention. Cela répond aux besoins du *dépendant* qui croit ne jamais en avoir assez. Lorsqu'il semble vouloir attirer l'attention par divers moyens, en réalité, il cherche à se sentir assez important pour recevoir du support. Il croit que s'il n'arrive pas à attirer l'attention de l'autre, il ne pourra pas compter sur cette personne. On peut remarquer ce phénomène chez les *dépendants* lorsqu'ils sont encore très jeunes. L'enfant *dépendant* a besoin de sentir que s'il fait un faux pas, il pourra compter sur quelqu'un pour le remettre sur pieds.

C'est une personne qui dramatise beaucoup; le moindre petit incident prend des proportions gigantesques. Si, par exemple, son conjoint n'appelle pas pour prévenir qu'il sera en retard, elle pense au pire et ne comprend pas pourquoi il la fait tant souffrir en ne l'informant pas. En voyant une personne qui se comporte en victime, on se demande souvent comment elle parvient à se faire arriver autant de problèmes. Le *dépendant*, lui, ne vit pas ces événements comme des difficultés. Ses problèmes lui apportent plutôt le cadeau d'avoir de l'attention. Cela lui évite de se sentir abandonné. Être abandonné est plus douloureux à vivre pour lui que les divers problèmes qu'il s'attire. Seul un autre *dépendant* peut vraiment comprendre cela. Plus une personne agit en victime, plus sa blessure d'abandon devient importante.

J'ai pu constater aussi qu'une victime aime très souvent jouer le rôle de sauveur. Par exemple, le *dépendant* va jouer le rôle de parent vis-à-vis de ses frères et sœurs ou cherchera à sauver quelqu'un qu'il aime d'une difficulté quelconque. Ce sont des moyens subtils de recevoir de l'attention. Par contre, lorsque le *dépendant* fait beaucoup de choses pour une autre personne, il désire surtout se faire complimenter, se sentir important. Cette attitude apporte cependant souvent des maux de dos, car il se met sur le dos des responsabilités qui ne lui appartiennent pas.

Il a souvent des hauts et des bas. Pendant un certain temps, il est heureux et tout va bien et, tout à coup, il se sent malheureux et triste. Il se demande même pourquoi, car, très souvent, cette situation arrive sans raison apparente. En cherchant bien, il pourrait découvrir sa peur de la solitude.

La forme d'aide dont le *dépendant* a le plus grandement besoin est le soutien des autres. Qu'il ait ou non de la difficulté à prendre des décisions par lui-même, le *dépendant* demande généralement l'opinion ou l'approbation des autres avant de décider. Il a besoin de se sentir soutenu, supporté dans ses décisions. C'est la raison pour laquelle ce genre d'individu passera pour quelqu'un qui a de la difficulté à se décider mais, en réalité, il ne se décide pas ou doute de sa décision seulement lorsqu'il ne se sent pas appuyé par quelqu'un d'autre. Ses attentes face aux autres sont en fonction de ce qu'ils peuvent faire pour l'aider. Toutefois, ce n'est pas tant de l'aide physique qu'il recherche mais plutôt de se sentir soutenu par quelqu'un dans ce qu'il fait ou veut faire. Quand il est soutenu, il se sent aidé et aimé.

Bien qu'il ait besoin de support, il est intéressant de constater que le *dépendant* utilise souvent l'expression : « Je ne supporte pas. » Cela indique à quel point nous faisons très souvent aux autres, sans nous en apercevoir, ce que nous leur reprochons ou ce que nous avons peur qu'ils nous fassent.

Le *dépendant* peut passer pour paresseux, car il n'aime pas faire des activités ou du travail physique seul; il a besoin de la présence de quelqu'un d'autre pour le supporter. Lorsqu'il fait quelque chose pour une personne, ce sera avec l'attente d'un retour d'affection. Lorsqu'il reçoit l'affection souhaitée en faisant une activité agréable avec quelqu'un d'autre, il désire que ça dure. Quand ça se termine, il dira : « C'est dommage que ce soit déjà fini! » La fin de quelque chose d'agréable est vécue comme un abandon.

La personne *dépendante* qui est dans sa partie victime a tendance à avoir, surtout chez la femme, une petite voix d'enfant et à poser beaucoup de questions. Cela se voit quand elle demande de l'aide : elle a beaucoup de difficulté à accepter un refus et a tendance à insister. Plus elle souffre en se faisant dire non, plus elle est prête à utiliser tous les moyens pour obtenir ce qu'elle veut, c'est-à-dire la manipulation, la bouderie, le chantage, etc.

Le *dépendant* demande donc souvent des conseils parce qu'il ne se croit pas capable d'y arriver seul, mais il n'écoute pas nécessairement les suggestions reçues. Il fera par la suite ce qu'il veut puisque ce qu'il recherchait n'était pas nécessairement de l'aide mais plutôt du soutien. Lorsqu'il marche avec d'autres personnes, il les laisse passer devant lui, car il préfère que les autres le guident. Il croit que s'il se débrouille trop bien seul, personne ne s'occupera de lui à l'avenir et l'isolement qu'il veut fuir à tout prix se produira.

La solitude est en effet la plus grande peur du *dépendant*. Il est convaincu de ne pas pouvoir la gérer. C'est pourquoi il s'accroche aux autres et fait tout pour obtenir de l'attention. Il est prêt à faire de multiples pirouettes pour être aimé, pour qu'on ne le laisse pas. Il est capable d'endurer des situations très difficiles avant d'y mettre fin. Sa peur est : « Que vais-je faire seul, que vais-je devenir? Que va-t-il m'arriver? » Il est souvent en conflit avec lui-même, car d'un côté il demande beaucoup d'attention et d'un autre, il a peur que s'il en demande trop, ça finisse par déranger l'autre. Ce dernier pourrait alors le délaisser. On pense du *dépendant* qu'il aime la souffrance pour tolérer certaines situations, bien qu'il ne l'admette pas. Prenons l'exemple d'une femme qui vit avec un alcoolique ou qui est battue. Sa souffrance est peut-être plus grande à le laisser qu'à endurer ce qu'elle vit. En fait, son existence repose sur l'espoir, un espoir émotif. Elle ne peut admettre sa blessure, car en le faisant, elle risquerait de revivre la souffrance que cette blessure représente.

La personne *dépendante* est celle qui a la plus grande capacité à ne pas voir le problème dans son couple. Elle préfère croire que tout va bien parce qu'elle craint d'être abandonnée. Si l'autre lui annonce qu'il veut partir, elle souffre énormément parce que, ne voyant pas les problèmes, elle ne s'y attendait pas. Si c'est ton cas et que tu te vois t'accrocher, faire des pirouettes par peur d'être abandonné, tu dois te donner du soutien. Trouve une image mentale, imagine quelque chose qui te donne du support. Ne te « lâche » surtout pas lorsque tu vis des moments de désespoir et que tu crois que tu ne peux plus te faire aider de l'extérieur. Tu crois peut-être que tu ne peux pas t'en sortir seul, mais il y a une solution à tout problème. En te supportant toi-même, la lumière se fera et tu trouveras la solution.

Le *dépendant* a beaucoup de difficulté avec le mot « laisser » qui, pour lui, est synonyme « d'abandonner ». Si, par exemple, le *dépendant* parle avec une personne qui lui dit : « Je dois te laisser, je dois partir », le cœur lui fait mal. Le simple fait d'entendre le mot *laisser*, même au téléphone, soulève des émotions en lui. Pour ne pas se sentir abandonné, il faudrait que l'autre lui explique la raison de son départ sans utiliser ce mot.

Lorsque le *dépendant* se sent abandonné, il croit qu'il n'est pas assez important pour mériter l'attention de l'autre. J'ai souvent remarqué que si j'ose regarder ma montre pour vérifier l'heure (ce que je fais souvent à cause de mon horaire chargé) lorsque je suis en compagnie d'une personne *dépendante*, son visage change. Je sens à quel point ce geste la dérange. Elle croit tout de suite que ce que j'ai à faire est plus important qu'elle

Ce genre de personne a aussi de la difficulté à quitter un endroit ou à laisser une situation. Même si le lieu où elle va lui semble agréable, elle est triste à l'idée de partir. Prenons l'exemple de quelqu'un qui part pour un voyage de quelques semaines. Il aura de la difficulté à laisser les siens, son travail ou sa maison. Une fois rendu ailleurs, lorsque viendra le temps de revenir chez lui, il vivra à nouveau une résistance à quitter ce lieu ainsi que les personnes qui s'y trouvent.

L'émotion la plus intense vécue par le *dépendant* est la tristesse. Il la ressent au plus profond de lui sans comprendre ni pouvoir expliquer d'où elle vient. Pour ne pas la sentir, il recherche la présence des autres. Il peut cependant aller à l'autre extrême, c'est-à-dire se retirer, laisser tomber la personne ou la situation qui lui cause cette tristesse ou ce sentiment de solitude. Il ne réalise pas que chaque fois qu'il laisse tomber quelqu'un ou quelque chose, il abandonne à son tour. En moment de crise, il peut même aller jusqu'à penser au suicide. En général, il ne fera qu'en parler et menacer les autres de le faire mais il ne le fera pas, car tout ce qu'il recherche, c'est du soutien. S'il fait une tentative de suicide, il se manquera. Si après plusieurs essais, personne ne veut le soutenir, il est possible qu'il finisse par se suicider véritablement.

Le *dépendant* a aussi peur de toute forme d'autorité. Il s'imagine que quelqu'un qui utilise une voix ou affiche un air autoritaire ne voudra pas s'occuper de lui. Il le croit indifférent et froid. C'est pour cette raison qu'il est chaleureux avec les autres, même au point de se forcer parfois. Il croit qu'en étant ainsi, les autres seront chaleureux, attentifs, non froids et non autoritaires.

Le *dépendant* utilise souvent le mot *absent* ou le mot *seul*. En parlant de son enfance, par exemple, il dira qu'on le laissait souvent seul, que sa mère ou son père étaient absents. Il peut reconnaître qu'il souffre d'isolement lorsqu'il vit une grande anxiété à l'idée d'être seul. Il croit que tout serait tellement mieux si une autre personne se trouvait avec lui. Un humain peut très bien se sentir seul mais sans en souffrir. Le degré d'anxiété détermine le degré de la souffrance. Se sentir isolé génère aussi un sentiment d'urgence chez la personne qui en souffre, car elle a peur que ce qui lui manque lui soit refusé ou devienne inaccessible ou non disponible au moment où elle le souhaite. Ce qui se cache derrière la sensation d'isolement est le fait que celui qui en souffre se ferme inconsciemment à la chose ou à la personne qu'il désire tant auprès de lui. Il ne s'ouvre pas pour recevoir ou accepter la dite chose ou la personne par peur de ne pouvoir y faire face. Il a également peur des émotions que toute cette attention pourrait lui faire vivre. On remarque facilement ce comportement parmi les nombreuses personnes qui sabotent leur propre bonheur. Aussitôt qu'une relation devient plus intense, elles s'arrangent pour mettre un terme à celle-ci.

La personne *dépendante* pleure facilement surtout lorsqu'elle parle de ses problèmes ou de ses épreuves. Dans ses pleurs, on peut sentir qu'elle accuse les autres de la laisser tomber lorsque surviennent tous ses problèmes ou ses maladies. Elle accuse même **DIEU** de l'abandonner. Elle pense avoir une bonne raison. Elle ne réalise pas qu'elle laisse elle-même souvent tomber les autres. Elle ne se rend pas compte non plus du nombre de projets qu'elle laisse tomber en cours de route. Son ego lui joue encore une fois des tours, comme à nous tous d'ailleurs.

Le *dépendant* a besoin de l'attention et de la présence des autres, mais il ne s'aperçoit pas du nombre de fois où il ne fait pas aux autres ce qu'il veut qu'on lui fasse. Il aimera, par exemple, s'asseoir seul pour lire un livre mais il ne voudra pas que son conjoint le fasse. Il aime aller seul à certains endroits lorsque c'est son choix, mais se sentira abandonné et délaissé si son conjoint agit pareillement. Il se dira : « Ça y est, je ne suis pas assez important pour qu'elle m'emmène avec elle. » Il est difficile aussi pour une personne *dépendante* de ne pas être invitée à une réunion ou à une rencontre quelconque, alors que, logiquement, elle aurait dû y être. Elle vit une grande tristesse, un sentiment d'abandon et de manque d'importance.

Le *dépendant* a l'habitude de s'accrocher physiquement à la personne aimée. Enfant, la petite fille s'accroche à son père et le petit garçon, à sa mère. En couple, le *dépendant* s'appuie contre l'autre ou lui tient la main ou le touche fréquemment. Debout, il cherche à s'appuyer sur un mur, une porte ou autre chose. Même assis, il a de la difficulté à se tenir droit; il appuie son bras sur le dossier ou il s'écrase dans la chaise. Dans tous les cas, il a de la difficulté à se tenir droit, son dos est porté à basculer vers l'avant.

Lorsque tu vois quelqu'un qui recherche beaucoup d'attention dans une réunion publique, regarde son corps et tu verras qu'il y a du *dépendant* en lui. Pour ma part, je remarque lors de mes ateliers qu'il y a toujours des personnes profitant des pauses et des instants précédant et suivant l'atelier pour me poser une ou plusieurs questions en privé. Je constate que chaque fois que ces personnes portent le masque de *dépendant*. Je leur demande la plupart du temps de poser leurs questions durant l'atelier puisque ce sont de bonnes interrogations et que les réponses risquent d'intéresser les autres participants. Quand l'atelier recommence, elles négligent souvent de les poser. Ce qui les intéressait, c'était l'attention que j'aurais pu leur donner en privé. Il m'arrive de conseiller à ces personnes une thérapie en privé pour obtenir ainsi toute l'attention qu'elles désirent. Cependant, cette solution a ses limites puisqu'elle risque d'alimenter la blessure plutôt que de la guérir.

Une autre façon d'attirer l'attention est d'occuper une fonction publique où ils ont accès à un large auditoire. Beaucoup de chanteurs, comédiens, acteurs et autres travailleurs du domaine artistique qui sont regardés par un large public sont des *dépendants*. Ils se sentent bien dans n'importe quel rôle de vedette.

En consultation privée, le *dépendant* est le type le plus apte à faire du transfert avec son thérapeute. Il recherche en effet le support non reçu d'un parent ou d'un conjoint chez son thérapeute. Une amie psychologue m'a raconté qu'un jour, un client lui a fait une crise de jalousie quand elle lui a annoncé qu'elle se ferait remplacer par un collègue durant ses deux semaines de vacances avec son mari. Elle s'est ainsi aperçue que son client avait fait un transfert sur elle. Après vérification, c'était un *dépendant*. J'en profite pour avertir tous ceux qui font un travail en relation d'aide d'être particulièrement vigilants au risque de transfert lorsque leur client souffre d'abandon.

Le *dépendant* est une personne qui fusionne facilement avec les autres, ce qui le porte à se sentir responsable du malheur et du bonheur des autres comme il croit que les autres sont responsables de son bonheur ou de son malheur. Une personne fusionnelle, appelée aussi une personne psychique, ressent les émotions des autres et elle se laisse envahir facilement. Ce désir de fusion engendre beaucoup de peurs, pouvant même mener jusqu'à l'agoraphobie. Voici la définition de l'agoraphobie dans mon livre *Ton corps dit : « Aime-toi ! »* :

Cette phobie est une peur maladive des espaces libres et des endroits publics. Elle reste la plus répandue des phobies. Les femmes y sont deux fois plus sensibles que les hommes. Beaucoup d'hommes cachent leur agoraphobie sous l'alcool. Ils aiment mieux devenir alcooliques plutôt que d'avouer leur grande peur incontrôlable. L'agoraphobe se plaint souvent de vivre de l'anxiété et surtout de l'angoisse, au point de paniquer. Une situation angoissante entraîne chez l'agoraphobe des réactions physiologiques (palpitations cardiaques, étourdissements, tensions ou faiblesses musculaires, transpiration, difficultés respiratoires, nausées, incontinence, etc.) qui peuvent mener à la panique; des réactions cognitives (sentiments d'étrangeté, peur de perdre le contrôle, de devenir fou, d'être humilié publiquement, de s'évanouir ou de mourir, etc.) et des réactions comportementales (fuite des situations anxiogènes et, évidemment, de tout lieu qui lui apparaît éloigné de l'endroit ou de la personne sécurisante dont il a besoin) . La majorité des agoraphobes souffrent d'hypoglycémie.

La peur et les sensations que l'agoraphobe ressent sont excessivement fortes au point même de lui faire éviter les situations d'où il ne peut s'enfuir. C'est pour cette raison que l'agoraphobe doit se trouver quelqu'un de proche qui devient sa personne sécurisante avec qui sortir, et un endroit sécurisant où se réfugier. Il y en a même qui finissent par ne plus sortir du tout. Ils se trouvent toujours une bonne raison. En fait, les catastrophes anticipées ne se produisent jamais. La plupart des agoraphobes ont été très dépendants de leur mère étant jeunes et se sont sentis responsables soit de son bonheur, soit de l'aider dans son rôle de mère. L'agoraphobe peut s'aider émotionnellement en réglant sa situation avec sa mère.

Les deux grandes peurs de l'agoraphobe sont la peur de mourir et la peur de la folie. Après avoir rencontré des agoraphobes dans presque tous les ateliers que j'ai animés depuis de nombreuses années, j'ai pu faire une synthèse intéressante au sujet de l'agoraphobie, ce qui en a aidé plusieurs centaines. Ces peurs viennent de l'enfance et elles ont été vécues dans l'isolement. Un foyer propice à développer l'agoraphobie est lorsqu'il y a eu des décès ou bien de la folie chez des proches. Il se peut aussi que l'agoraphobe ait lui-même failli mourir étant jeune ou que la peur de la folie ou de la mort de quelqu'un ait été véhiculée dans le milieu familial.

Cette peur de mourir chez l'agoraphobe est vécue à tous les niveaux, bien que celui-ci ne s'en rende pas vraiment compte. Il ne se croit pas capable de faire face à un changement dans quelque domaine que ce soit, car cela représenterait une mort symbolique. C'est pourquoi tout changement lui fait vivre des grands moments d'angoisse et accentue son degré d'agoraphobie. Ces transitions peuvent être le passage de l'enfance à l'adolescence, puis de l'adolescence à l'âge adulte, de célibataire à marié, un déménagement, un changement de travail, une grossesse, un accident, une séparation, la mort ou la naissance de quelqu'un, etc.

Pendant plusieurs années, ces angoisses et peurs peuvent être inconscientes et contenues. Puis un jour, lorsque l'agoraphobe en est rendu à sa limite mentale et émotionnelle, il ne peut plus se contenir et ses peurs deviennent conscientes et apparentes.

L'agoraphobe a aussi une imagination débordante et incontrôlée. Il s'imagine des situations bien au-delà de la réalité et se croit incapable de faire face à ces changements. Cette grande activité mentale lui fait craindre la folie. Il n'ose en parler aux autres, de peur de passer pour fou. Il est urgent de réaliser que ce n'est pas de la folie mais une trop grande sensibilité mal gérée.

Si tu réponds aux critères mentionnés, sache que ce que tu vis n'est pas de la folie et que ça ne fait pas mourir. Tu t'es tout simplement trop ouvert étant jeune aux émotions des autres, en croyant que tu étais responsable de leur bonheur ou de leur malheur. Par conséquent, tu es devenu très psychique pour pouvoir être aux aguets et prévenir les malheurs en présence des autres. Voilà pourquoi tu captes toutes les émotions et les peurs des autres lorsque tu te retrouves dans un endroit public. Le plus important pour toi est d'apprendre la vraie notion de responsabilité. Celle à laquelle tu as cru jusqu'à maintenant *n'est pas bonne pour toi. Cette notion de responsabilité fait partie de tous les enseignements d'Écoute Ton Corps.*

J'ai constaté le caractère du *dépendant* chez la majorité des agoraphobes que j'ai rencontrés jusqu'à maintenant. Si tu te réfères à la définition de l'agoraphobie, on y fait mention de la peur de la mort et de la folie. Chez le *dépendant*, lorsque quelqu'un de cher décède, il vit un sentiment d'abandon. Il a de plus en plus de difficulté à accepter la mort de qui que ce soit, car chaque mort vient réveiller sa blessure d'abandon et contribue à accentuer son degré d'agoraphobie. J'ai pu constater que la personne dont la blessure d'abandon prédomine a davantage peur de la mort, tandis que celle dont la blessure prédominante est la trahison a davantage peur de la folie. Je parle de la blessure de la trahison au chapitre cinq.

La mère *dépendante*, étant fusionnelle, dépend beaucoup de l'amour de son enfant et fait tout pour qu'il sente qu'elle pense beaucoup à lui. L'amour des autres, surtout de leurs proches, soutient les *dépendants*. Ça les aide à se tenir debout. J'ai souvent entendu des personnes *dépendantes* me dire : « *Je ne peux pas supporter une situation où quelqu'un ne m'aime pas; je vais tout faire pour arranger la situation.* » Lorsqu'un *dépendant* affirme : « *Il est important que tu m'appelles pour me donner de tes nouvelles* », en réalité, il veut dire : « *Quand tu m'appelles, je me sens important.* » Il a à tout prix besoin que les autres le fassent se sentir important et le prennent en considération, car il ne peut y arriver par lui-même.

Quand le *dépendant* est en contact avec les problèmes que sa dépendance engendre, il souhaite à ce moment devenir indépendant. Se croire indépendant devient une réaction très courante chez les personnes *dépendantes* et elles aiment beaucoup dire aux autres à quel point elles se trouvent indépendantes. Cependant, cela ne fait qu'accentuer et cacher la blessure d'abandon puisqu'elle n'est pas soignée.

Par exemple, une personne *dépendante*, homme ou femme, peut ne pas vouloir d'enfant sous prétexte de vouloir garder son indépendance. Cela cache souvent chez l'homme *dépendant* la peur de ne plus recevoir toute l'attention de sa conjointe s'il y avait un enfant présent dans la famille. La femme *dépendante*, elle, aura plutôt peur de se sentir étouffée par toutes les obligations qu'un enfant amène. Par contre, si elle veut en avoir, elle les préférera lorsqu'ils sont jeunes, au moment où ils sont le plus dépendants d'elle. Cela la fait se sentir plus importante. Le *dépendant* a intérêt à rechercher l'autonomie plutôt que l'indépendance. J'explique comment y arriver dans le dernier chapitre.

Dans sa vie sexuelle, le *dépendant* a le même comportement. Il utilise souvent le sexe pour accrocher l'autre. Cela se voit surtout chez la femme. Lorsque la personne *dépendante* se sent désirée par l'autre, elle se croit ainsi plus importante. Parmi les cinq types, je dirais que c'est la personne ayant peur d'être abandonnée qui aime le plus le sexe. Elle en veut souvent plus que son conjoint et il n'est pas rare de remarquer que ceux et celles qui se plaignent de manquer de sexe sont ceux qui souffrent de la blessure d'abandon et qui portent un masque de *dépendant*.

S'il arrive à la femme *dépendante* de ne pas désirer faire l'amour, elle ne le dira pas à son conjoint. Elle préférera faire semblant d'avoir le goût, car elle ne veut pas manquer une occasion de se sentir désirée. J'ai même connu quelques femmes qui ont accepté de vivre dans un ménage à trois tout en sachant que leur mari faisait l'amour à l'autre dans la chambre voisine. L'homme *dépendant*, pour sa part, fera semblant de ne pas savoir que sa femme a un amant. Ces personnes vont choisir d'endurer ce genre de situation plutôt que d'être abandonnées. Ce n'est certainement pas leur préférence mais elles sont prêtes à tout pour ne pas perdre leur conjoint.

Suite à ce qui est mentionné dans ce chapitre, il va de soi que la blessure d'*abandon* affecte notre façon de communiquer. Les peurs du *dépendant* qui l'empêchent de communiquer clairement et de faire ses demandes sont les suivantes : peur de pleurer ou de passer pour un bébé, peur que l'autre parte, que l'autre ne soit pas d'accord et ignore ce qui est dit ou demandé, de se faire dire non, de se faire refuser, de ne pas être soutenu comme il s'attend, de ne pas répondre aux attentes des autres. Si tu te vois dans ces peurs, voilà un bon moyen pour découvrir que tu n'es pas toi-même et que c'est ta blessure d'*abandon* qui prend le dessus.

Au niveau de l'alimentation, le *dépendant* peut manger beaucoup sans prendre de poids. Comme son attitude intérieure générale est de ne jamais en avoir assez, c'est aussi le message que son corps reçoit lorsqu'il mange. Son corps réagit donc en conséquence. Lorsqu'une personne mange, ne serait-ce que très peu, en pensant qu'elle mange encore trop, son corps reçoit ce message et réagit comme s'il y en avait trop. Cette personne se voit donc prendre du poids.

Dans le chapitre précédent, j'ai mentionné que le *fuyant* a tendance à devenir anorexique, mais le *dépendant*, lui, a plus tendance à devenir boulimique. Mes observations me portent à conclure que lorsqu'un homme *dépendant* est boulimique, c'est qu'il tente de se nourrir de sa mère, tellement elle lui manque. Lorsque la boulimie se manifeste chez une femme *dépendante*, c'est plutôt son père qui lui manque. Lorsque ces personnes n'ont pas de substitut au parent manquant, c'est alors qu'elles font un transfert sur la nourriture. Le mot *bouffer* est d'ailleurs très présent dans leur langage. Elles diront par exemple : « *Mon enfant me bouffe toute mon énergie* » ou « *Mon travail me bouffe tout mon temps* ».

Le *dépendant* préfère les aliments mous aux aliments durs. En général, il aime aussi beaucoup le pain qui est le symbole de la terre nourricière. Il va manger lentement pour faire durer le plaisir et l'attention, surtout lorsqu'il est en compagnie d'autres personnes. D'ailleurs les personnes *dépendantes* n'aiment pas manger seules, surtout à l'extérieur. De plus, comme elles ont de la difficulté avec le mot *laisser*, elles ne voudront rien laisser dans leur assiette. Tout cela se fait de façon inconsciente.

En ce qui a trait aux maladies, le *dépendant* est renommé pour avoir été un enfant souvent malade, faible ou chétif. Voici différentes maladies sujettes à être développées par les personnes souffrant de la blessure d'abandon.

◉ L'ASTHME est une maladie où l'expiration devient difficile et pénible. Au plan métaphysique, cette maladie indique que cette personne prend plus qu'elle ne devrait et ne redonne qu'avec grande difficulté.

◉ Les problèmes de BRONCHES se trouvent aussi présents, car elles ont un lien métaphysique avec la famille. Lorsque le *dépendant* souffre d'un problème aux bronches, cela indique qu'il a l'impression de ne pas recevoir assez de sa famille, qu'il en dépend trop. Il a intérêt à croire qu'il a une place dans sa famille plutôt que de faire des pirouettes pour arriver à le croire.

◉ À cause de sa partie psychique fusionnelle, le *dépendant* s'attire des problèmes de PANCRÉAS (hypoglycémie et diabète) ainsi que des problèmes aux GLANDES SURRÉNALES. Tout son système digestif demeure fragile parce qu'il croit ne pas être nourri adéquatement même si ce manque n'a aucun rapport avec le plan physique. Bien que le manque se situe au plan affectif, son corps physique, étant le reflet de son psychisme, reçoit le message de ce manque.

◉ La MYOPIE est aussi très fréquente chez les *dépendants*. Elle représente la difficulté à voir plus loin, reliée à la peur de l'avenir et surtout de faire face à l'avenir seul.

◉ Le *dépendant* qui alimente beaucoup sa partie victime peut en arriver à souffrir d'HYSTÉRIE. On dit en psychologie que la personne hystérique est semblable à l'enfant qui craint d'être privé du lait nourricier et abandonné. Voilà pourquoi elle montre bruyamment ses émotions.

◉ Plusieurs *dépendants* finissent par souffrir de DÉPRES-SION lorsque leur blessure fait trop mal et qu'ils perçoivent leur impuissance à se sentir aimés comme ils le désireraient. C'est aussi une façon d'obtenir de l'attention.

◉ La personne *dépendante* souffre de MIGRAINES parce qu'elle s'empêche d'être elle-même. Elle bloque son *Je suis*. Elle fait trop de pirouettes pour être ce que les autres veulent qu'elle soit ou elle vit trop dans l'ombre des personnes qu'elle aime.

⊙ De plus, j'ai remarqué que c'est le *dépendant* qui se retrouve le plus souvent avec des MALADIES RARES qui demandent de l'attention particulière ou des MALADIES dites INCURABLES. Je te rappelle que lorsque la médecine qualifie une maladie d'*incurable,* elle nous annonce que, en réalité, la science n'a pas ENCORE trouvé une cure.

Les maladies et malaises précités peuvent aussi se manifester chez des personnes aux prises avec les autres types de blessures mais ils semblent beaucoup plus courants chez les personnes souffrant d'abandon.

Si tu te vois dans la blessure de l'abandon, je te rappelle que cette blessure a été réactivée par ton parent du sexe opposé et continue à l'être par toute autre personne du sexe opposé. Il est donc tout à fait normal et humain d'en vouloir à ce parent ou à ces personnes. Je répète ici ce qui est écrit dans la plupart de mes autres livres :

Tant qu'on continue à en vouloir à un parent (même inconsciemment), nos relations avec toutes les autres personnes du même sexe que ce parent seront difficiles.

De plus, je te suggère de vérifier et tu découvriras que ce parent a vécu la même blessure avec son parent du sexe opposé, c'est-à-dire son parent du même sexe que toi. Les mêmes blessures se répètent de génération en génération (ce qui explique aussi le phénomène de l'hérédité), et ce, tant et aussi longtemps que la roue du karma ne sera pas arrêtée en vivant nos relations dans l'amour véritable.

Souviens-toi que la principale cause d'une blessure chez qui que ce soit vient de son incapacité à se pardonner ce qu'elle se fait à elle-même ou qu'elle a fait subir aux autres. Il lui est difficile de se pardonner, car, en général, elle ne s'aperçoit même pas qu'elle s'en veut. Plus la blessure d'abandon est importante, plus cela signifie que tu t'abandonnes toi-même (c'est-à-dire te laisser tomber) ou que tu abandonnes d'autres personnes, des situations ou des projets. **Nous reprochons aux autres tout ce que nous faisons nous-même et ne voulons pas voir.** C'est la raison pour laquelle nous attirons autour de nous des personnes qui nous montrent ce que nous faisons aux autres ou à nous-mêmes.

Un autre moyen pour devenir conscients que nous nous abandonnons ou nous abandonnons une autre personne est la honte. En effet, nous vivons un sentiment de honte lorsque nous voulons nous cacher ou dissimuler un comportement. Il est normal de trouver honteux d'avoir des comportements que nous reprochons aux autres. Nous ne voulons surtout pas qu'ils découvrent que nous agissons comme eux.

Il devient donc important et urgent de tout régler avec nos parents puisque c'est ainsi que nous cesserons de reproduire le même genre de situation. Même les scientifiques en médecine et en psychologie ont constaté et admis la perpétuation de génération en génération de certains comportements ou maladies destructives. Ils ont reconnu qu'il existe des familles de diabétiques, de cardiaques, de cancéreux, d'asthmatiques et aussi des familles de violents, d'incestueux, d'alcooliques, etc.

Si tu reconnais en toi les caractéristiques du *dépendant*, bien que tu ne croies pas avoir manqué d'attention de ton parent du sexe opposé et qu'au contraire, tu admets en avoir reçu beau-

coup, voici ce qui a pu se passer : l'attention reçue ne corres-
pondait peut-être pas à celle que tu aurais voulue. Tu t'es
peut-être même senti étouffé par cette attention.

Je peux citer en exemple mon fils aîné chez qui la blessure
d'abandon demeure présente dans son corps d'adulte. Cet enfant fut pourtant celui, parmi mes trois enfants, qui a eu le plus
de mon attention étant jeune puisque, ne travaillant pas à l'extérieur, j'étais à la maison avec lui. Par contre, j'étais trop rigide
et sévère avec lui dans des situations qui, selon lui, ne justi-
fiaient pas cette attitude. Je ne le lâchais pas; je surveillais tout
ce qu'il faisait parce que j'aurais voulu en faire un humain parfait selon ma notion de perfection. Je comprends aujourd'hui
que ce n'était pas du tout le genre d'attention qu'il désirait. Il a
donc vécu la blessure d'abandon et je trouve normal qu'il m'en
ait voulu lorsqu'il était jeune. Je réalise aujourd'hui que cette
expérience faisait partie de son plan de vie et que nous avions à
comprendre des choses ensemble. Il avait besoin d'une mère
comme moi pour faire son processus de pardon face à l'abandon et il me fallait un fils comme lui pour m'aider à compléter
des choses avec mon père. J'en parlerai davantage dans le
chapitre traitant de la trahison.

Les lois spirituelles expliquent que tant qu'un humain n'aura
pas vécu une expérience dans l'amour, il devra revenir sur
Terre pour revivre la même expérience. On revient avec les
mêmes âmes mais dans des rôles différents. Tout ça pour se
donner une chance de résoudre définitivement ce que nous n'a-
vons pas réglé dans nos vies précédentes.

***N'oublie pas que les caractéristiques et les
comportements décrits dans ce chapitre sont
présents seulement lorsqu'une personne souffrant***

d'abandon décide de porter son masque de
dépendant, croyant ainsi éviter de souffrir
d'abandon. Selon la gravité de la blessure et
l'intensité de la douleur, ce masque peut être porté
très peu ou très souvent.

Les comportements propres au dépendant sont dictés par la peur de revivre la blessure d'abandon. Par contre, il est probable que tu te reconnaisses dans certains comportements et non dans tout ce que j'ai écrit. Il est presque impossible pour une personne de s'identifier dans tous les comportements mentionnés. Toutes les blessures ont chacune leurs comportements et attitudes intérieures respectives. Ces façons de penser, de sentir, de parler et d'agir reliées à chaque blessure indiquent donc une réaction à ce qui se passe dans la vie. Une personne en réaction n'est pas centrée, ne se trouve pas dans son cœur et ne peut pas être bien ou heureuse. Voilà pourquoi il est si utile d'être conscient des moments où tu es toi-même ou en réaction. Ce faisant, il devient possible pour toi de devenir maître de ta vie au lieu de te laisser diriger par tes peurs.

Ce chapitre a pour but de t'aider à devenir conscient de la blessure d'abandon. Si tu te vois dans la description du masque de *dépendant*, le dernier chapitre contient toutes les informations dont tu auras besoin pour guérir cette blessure et redevenir toi-même, sans croire que la vie est remplie d'abandons. Si tu ne te vois pas dans celle-ci, je te suggère de vérifier auprès de ceux qui te connaissent bien s'ils sont d'accord avec toi. J'ai déjà mentionné qu'il est possible d'avoir seulement une petite blessure d'abandon. En tel cas, tu ne posséderais que certaines des caractéristiques. Je te rappelle qu'il importe de te fier d'abord à la description physique, car le corps physique ne ment jamais, contrairement à nous qui pouvons nous faire accroire facilement.

Si tu reconnais cette blessure chez quelques personnes dans ton entourage, tu ne dois pas essayer de les changer. Utilise plutôt ce que tu apprends dans ce livre pour développer plus de compassion pour eux, pour mieux comprendre leurs comportements réactifs. Il est préférable qu'ils lisent eux-mêmes ce livre s'ils démontrent un intérêt en ce sens, plutôt que de tenter de leur expliquer le contenu dans tes mots.

Caractéristiques de la blessure d'ABANDON

Éveil de la blessure: Entre un et trois ans avec **le parent du sexe opposé.** Manque de nourriture affective ou du genre de nourriture désiré.

Masque : Dépendant

Corps : Long, mince, manque de tonus, affaissement, jambes faibles, dos courbé, bras semblent trop longs et pendent le long du corps, parties du corps tombantes ou flasques.

Yeux : Grands, tristes. Regard qui tire.

Vocabulaire : « absent » , « seul » , « je ne supporte pas » , « je me fais bouffer » , « on ne me lâche pas ».

Caractère : Victime. Fusionnel. Besoin de présence, d'attention, de support et surtout de soutien. Difficulté à faire ou à décider quelque chose seul. Demande conseils et ne les suit pas nécessairement. Voix d'enfant. Difficulté à se faire dire non (à accepter un refus). Tristesse. Pleure facilement. Attire la pitié. Un jour joyeux, un jour triste. S'accroche physiquement aux autres. Psychique. Vedette. Recherche l'indépendance. Aime le sexe.

Plus grande peur : la solitude.

Alimentation : Bon appétit. Boulimique. Aime aliments mous. Mange lentement.

Maladies possibles : Dos • asthme • bronchites • migraines hypoglycémie • agoraphobie • diabète • glandes surrénales myopie • hystérie • dépression • maladies rares qui attirent davantage l'attention • maladies incurables.

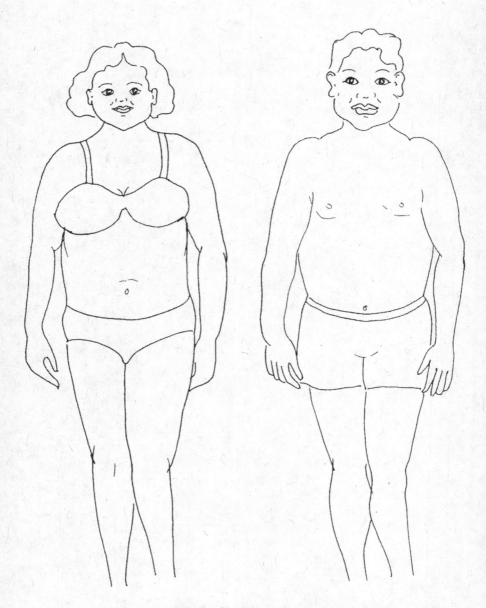

PHYSIQUE DU MASOCHISTE
(Blessure d'humiliation)

CHAPITRE 4
L'HUMILIATION

Regardons ensemble ce que veut dire le mot « humiliation » : action de se sentir abaissé, de s'abaisser ou d'abaisser quelqu'un d'autre outrageusement. Les synonymes de ce mot sont : abaissement, honte, mortification, vexation, dégradation. Cette blessure commence à se faire sentir ou se réveille entre l'âge de un et trois ans. Je parle ici d'éveil puisque je te rappelle que ma théorie est basée sur le fait que nous naissons en ayant déjà décidé des blessures à guérir, même si nous n'en sommes plus conscients après notre naissance.

L'âme qui vient résoudre cette blessure s'attirera un ou des parents qui l'humilieront. Cette blessure est surtout rattachée au monde physique, celui du *avoir* et du *faire*. Elle s'éveille au moment du développement des fonctions du corps physique, période où un enfant normal apprend à manger seul, à être propre, à aller aux toilettes seul, à parler, à écouter et à comprendre ce que les adultes lui disent, etc.

L'éveil de la blessure se produit au moment où l'enfant sent qu'un de ses parents a honte de lui ou a peur d'avoir honte lorsqu'il est sale, quand il fait un dégât (surtout en public ou en famille), lorsqu'il est mal habillé, etc. Quelle que soit la circonstance qui amène l'enfant à se sentir abaissé, dégradé, comparé, mortifié ou honteux au niveau du physique, la blessure s'éveille et prend de l'ampleur. Prenons l'exemple du bébé qui a joué avec son caca et en a mis partout dans sa couchette ou a fait une autre sorte de dégât dégoûtant. La blessure s'é-veille lorsqu'il entend sa mère raconter ce qui s'est passé à son père en le traitant de « petit cochon ». Même lorsqu'il est très jeune, le bébé peut sentir le dégoût chez ses parents et se sentir humilié et honteux.

Je me souviens d'un cas en particulier lorsque j'avais six ans et que j'étais pensionnaire au couvent. Nous couchions toutes ensemble dans un grand dortoir et lorsqu'une petite fille faisait pipi au lit, la religieuse l'obligeait à se promener dans les clas-ses le lendemain avec son drap taché sur le dos. En l'humiliant et en la mortifiant de la sorte, la religieuse croyait que ça ne se reproduirait plus. Nous savons tous que c'est le contraire qui arrive. Ce genre d'humiliation aggrave la situation. Tout enfant ayant une blessure d'humiliation et qui vit une telle expérience verra sa blessure s'accentuer.

Le domaine de la sexualité apporte aussi son lot d'humilia-tion potentielle. Par exemple, lorsque maman surprend son pe-tit garçon en train de se masturber et qu'elle s'exclame en disant : « Petit cochon, tu n'as pas honte? On ne fait pas ça! », l'enfant se sent mortifié, honteux et connaîtra plus tard des dif-ficultés dans le domaine de la sexualité. Si l'enfant surprend un de ses parents nu et qu'il sent ce parent mal à l'aise, car il cherche à se cacher, il apprend qu'on doit avoir honte de son corps.

Cette blessure peut donc être vécue dans différents domaines selon ce qui s'est passé entre l'âge de un et trois ans. L'enfant se sent abaissé s'il se sent très contrôlé par un parent, s'il trouve qu'il n'a pas la liberté d'agir ou de bouger comme il veut au ni-veau physique. Par exemple, un parent dispute et met en péni-tence son enfant qui est allé jouer dans la boue avec ses vêtements propres juste avant l'arrivée des invités. Si les parents racontent l'incident aux invités devant l'enfant, l'humiliation deviendra encore plus forte. Ce comportement peut faire croire à l'enfant qu'il dégoûte ses parents. Il se sent alors humilié et a honte de son propre comportement. Par contre, il est fréquent d'entendre des personnes souffrant de cette blessure raconter toutes les choses interdites qu'elles ont accomplies étant jeunes et adolescentes. C'est comme si elles recherchaient des situations pour vivre de l'humiliation.

Contrairement aux quatre autres blessures, vécues avec un parent spécifique ou la personne qui a joué le rôle de ce parent, **la blessure d'humiliation est le plus souvent vécue avec la mère.** Elle est cependant vécue avec le père quand il exerce le contrôle et joue le rôle de mère en montrant à l'enfant comment être propre, etc. Il est possible également que la blessure d'humiliation soit reliée à la mère dans le domaine de la sexualité et de la propreté, et au père, dans le secteur de l'apprentissage, de l'écoute et de la parole. Dans ce cas, il y aurait donc lieu de régler avec les deux parents.

L'enfant qui vit de l'humiliation se créera le masque de *MASOCHISTE*. Le masochisme est le comportement d'une personne qui trouve de la satisfaction et même du plaisir à souffrir. Elle recherche la douleur et l'humiliation la plupart du temps de façon inconsciente. Elle s'organise pour se faire mal ou se punir avant que quelqu'un d'autre ne le fasse. Même si j'ai mentionné que l'humiliation ou la honte que peut vivre le *masochiste* se situe dans les domaines du *avoir* et du *faire*, il peut lui arriver de faire des pieds et des mains pour arriver à *être* comme les autres voudraient qu'il soit; mais, c'est ce qu'il fait ou ne fait pas ou ce qu'il a ou n'a pas qui déclenchera sa blessure d'humiliation. J'ai aussi remarqué que *faire* et *avoir* des choses deviennent des moyens pour compenser la blessure.

À partir de maintenant, lorsque j'utiliserai le terme *masochiste*, rappelle-toi que je fais référence à la personne qui souffre d'humiliation et qui porte un masque de *masochiste* pour éviter de souffrir et de vivre la douleur associée à l'humiliation.

Je répète ce que j'ai écrit dans les chapitres précédents. Une personne peut vivre une expérience de honte ou d'humiliation sans que la blessure d'humiliation ne soit réveillée. D'un autre côté, une personne masochiste peut vivre une expérience de rejet et se sentir humiliée plutôt que rejetée. Il est vrai que les cinq types de personnes, dans cette étude de caractère, peuvent avoir honte surtout si elles sont prises en flagrant délit à faire vivre aux autres ce qu'elles ont peur de vivre elles-mêmes. Par contre, il semble que ce soit la personne avec la blessure d'humiliation qui a honte le plus souvent.

Je tiens à préciser maintenant la différence entre la honte et la culpabilité. On se sent coupable lorsqu'on juge comme étant mal ce qu'on a fait ou pas fait. Nous avons honte quand nous nous considérons comme pas corrects face à ce que nous venons de faire. L'opposé de la honte est la fierté. Dès qu'une personne n'est pas fière d'elle-même, elle a honte, elle s'accuse et elle est portée à vouloir se cacher. Une personne peut se sentir coupable sans avoir honte mais elle ne peut avoir honte sans se sentir coupable.

Dans la description physique du masque de *masochiste*, comme celui-ci se croit malpropre, sans cœur, cochon ou moindre que les autres, il se développe un gros corps qui lui fait honte. Un gros corps diffère d'un corps musclé. Un individu peut peser vingt kilos de plus que son poids « normal » et ne pas être gros. Il semble plutôt une personne forte. Le *masochiste*, lui, est gros à cause d'un surplus de graisse. Son corps est rondelet, il semble aussi profond que large. On peut le voir même en regardant cette personne de dos. La personne forte est, quant à elle, plutôt musclée avec un corps plus large que profond et, vue de dos, elle ne donne pas l'impression d'être grosse. Cette description s'applique autant aux femmes qu'aux hommes.

Si seule une partie du corps est grosse et rondelette, le ventre, les fesses ou les seins par exemple, cela indique une blessure d'humiliation moins importante. On peut aussi associer au masque de *masochiste* les caractéristiques suivantes : une taille courte, un cou gros et bombé, des tensions au cou, à la gorge, aux mâchoires et au pelvis. Il a souvent un visage rond et ses yeux sont ouverts et innocents comme ceux d'un enfant. Il est évident qu'une personne ayant toutes ces caractéristiques physiques souffre d'une blessure plus importante.

J'ai remarqué que cette blessure semble être la plus difficile à reconnaître. J'ai travaillé personnellement avec des centaines de *masochistes*, surtout avec des femmes ayant une blessure d'humiliation évidente. Plusieurs d'entre elles ont pris jusqu'à un an avant d'admettre qu'elles avaient honte ou qu'elles se sentaient humiliées. Si tu reconnais dans ton corps les caractéristiques physiques du *masochiste* et que tu as de la difficulté à voir ta blessure d'humiliation, ne sois pas surpris et donne-toi le droit de prendre le temps qu'il faut pour le faire. Ne pas aimer aller vite constitue d'ailleurs une des caractéristiques du *masochiste*. Il est même difficile pour lui de fonctionner rapidement lorsque c'est nécessaire et il a honte quand il n'arrive pas à aller aussi vite que les autres, comme lorsqu'il marche. Il doit apprendre à se donner le droit d'aller à sa propre vitesse.

Il est difficile de reconnaître le masque du *masochiste* chez plusieurs personnes parce qu'elles réussissent à bien contrôler leur poids. Si tu es du genre à prendre du poids facilement et à devenir rondelet lorsque tu ne contrôles pas ton alimentation, il se peut que tu aies cette blessure d'humiliation mais qu'elle soit cachée pour le moment. Cette rigidité qui te permet de te contrôler est expliquée au chapitre six de ce livre.

Comme le *masochiste* veut se montrer solide et ne plus être contrôlé, il devient très performant et en prend beaucoup sur son dos. C'est d'ailleurs la raison pour laquelle il se crée un bon dos pour pouvoir en prendre plus. Prenons l'exemple d'une dame qui, voulant faire plaisir à son mari, accepte que sa belle-mère vienne demeurer chez elle. Peu de temps après, sa belle-mère devient malade et elle se croit alors obligée de s'en occuper. Le *masochiste* a le don de se placer dans des situations où il doit prendre soin de quelqu'un d'autre. Il s'oublie ainsi de plus en plus. Plus il en prend sur son dos, plus il prend du poids.

Chaque fois que le *masochiste* semble vouloir tout faire pour les autres, il désire, en réalité, se créer des contraintes et des obligations. Le temps qu'il prend à aider les autres, il croit qu'il ne leur fera pas honte, mais très souvent, il se sent humilié de faire abuser de lui. Il se sent d'ailleurs rarement reconnu pour tout ce qu'il fait. J'ai entendu plusieurs femmes *masochistes* dire qu'elles en avaient assez de faire la *servante*. Elles se plaignent mais continuent d'agir ainsi, car elles ne réalisent pas qu'elles se créent elles-mêmes ces contraintes. J'ai aussi entendu plusieurs expressions, dont : « Après 30 ans de bons services, la direction m'a mis à la porte comme une poubelle!!! » Ce genre de personne, qui se considère comme dévouée, ne se sent vraiment pas reconnue. De plus, il est intéressant de remarquer l'humiliation vécue dans une telle expression. Une personne non masochiste aurait plutôt dit : « Après 30 ans de service, ils m'ont congédiée » sans utiliser le mot poubelle.

Le *masochiste* ne réalise pas qu'en **accomplissant tout pour les autres, il les abaisse et il les humilie en leur faisant sentir que, sans lui, ils ne peuvent y arriver seuls.** Il arrive même au *masochiste* de s'assurer que le reste de la famille et les amis soient bien au courant que telle personne ne peut rien sans lui, et cela, devant cette personne. Cette dernière se sentira doublement humiliée.

Il est impérieux pour lui de reconnaître qu'il n'a pas besoin de prendre autant de place dans la vie de ses proches. Par contre, il ne s'aperçoit pas qu'il en prend autant, car il le fait souvent de façon subtile. C'est pourquoi son corps physique prend beaucoup d'espace. Il grossit en fonction de la place qu'il croit devoir prendre dans sa vie. Son corps est là pour lui refléter sa croyance. Lorsque le *masochiste* saura au plus profond de lui qu'il est spécial et important, il n'aura plus à le prouver aux autres. En se reconnaissant, son corps n'aura plus besoin de prendre autant de place.

Il semble très contrôlant mais ce contrôle est motivé principalement par la peur d'avoir honte de ses proches ou de lui-même. Ce genre de contrôle est différent de celui dont je parlerai dans le chapitre portant sur la blessure de trahison. La mère *masochiste* va, par exemple, être portée à contrôler l'habillement, l'apparence et la propreté de ses enfants et du conjoint. C'est le genre de mère qui veut que ses enfants soient propres très jeunes. Si elle n'y arrive pas, elle aura honte d'elle-même en tant que mère.

Comme le *masochiste*, homme ou femme, est souvent fusionnel avec sa mère, il va tout faire pour ne pas lui faire honte. Celle-ci a beaucoup d'emprise sur un *masochiste* même si c'est inconscient et involontaire. Il sent sa mère comme un poids lourd à porter, ce qui lui fournit une autre bonne raison pour se créer un bon dos bien solide. Cette emprise continue même parfois après la mort de celle-ci. Même si cela lui fait vivre un sentiment de honte, le *masochiste* se sent généralement soulagé ou libéré à la mort de sa mère, car il la laissait entraver sa liberté. C'est seulement lorsque la blessure d'humiliation est en train de guérir que cette influence s'atténue.

D'autres, au lieu de se sentir libérés, sont tellement fusionnels que lorsque la mère décède, ils font une forte crise d'agoraphobie (pour la description, voir la page 67). Malheureusement, ces personnes sont souvent traitées pour une dépression. Comme elles ne sont pas soignées pour la bonne maladie, elles en ont pour très longtemps avant de s'en remettre. J'explique en détail la différence entre la dépression et l'agoraphobie dans mon livre ***Ton corps dit : « Aime-toi! »***

Le *masochiste* a de la difficulté à exprimer ses vrais besoins et ce qu'il ressent véritablement, car, depuis son jeune âge, il n'ose pas parler par peur d'avoir honte ou de faire honte à quelqu'un. Les parents d'un enfant *masochiste* lui disent fréquemment que ce qui se passe dans la famille ne regarde pas les étrangers et qu'il ne doit pas en parler. Il doit tout garder pour lui. Les situations honteuses ou les membres de la famille dont on a honte doivent être tenus secrets. On ne parle pas, par exemple, d'un oncle en prison, d'un membre de la famille interné à l'hôpital psychiatrique, d'un frère homosexuel ou encore d'un suicidé dans la famille, etc.

Un homme m'a raconté combien il avait eu honte d'avoir tant fait souffrir sa mère, étant jeune, alors qu'il lui avait volé de l'argent dans sa bourse. Il était inacceptable pour lui de faire cela à une mère qui souffrait déjà en se privant pour ses enfants. Il n'en avait jamais parlé à quiconque. Si on imagine des centaines de tels petits secrets gardés cachés, on peut comprendre pourquoi cet homme souffrait de pression dans la gorge et de problèmes de voix.

Certaines personnes m'ont partagé la honte d'avoir eu des désirs lorsqu'elles étaient jeunes alors qu'elles voyaient leur mère se priver de l'essentiel. Elles n'osaient pas parler de ces désirs, surtout à leur mère. En général, le *masochiste* en arrive au point où il n'est même plus en contact avec ses propres désirs, car il risquerait de déplaire à maman. Il veut tellement lui plaire qu'il n'est en contact qu'avec les désirs qui plairont à maman.

Le *masochiste* est généralement hypersensible et la moindre petite chose l'atteint. Par conséquent, il fait tout pour ne pas blesser les autres. Dès que quelqu'un, surtout ceux qu'il aime, se sent malheureux, il se croit responsable. Il croit qu'il aurait dû ou pas dû dire ou faire quelque chose. Il ne réalise pas qu'en étant aussi activement à l'affût des humeurs des autres, il n'écoute pas ses propres besoins. Le *masochiste* est celui parmi les cinq caractères qui écoute le moins ses besoins, bien qu'il soit souvent conscient de ce qu'il veut. Il se fait souffrir en ne les écoutant pas, ce qui contribue à alimenter sa blessure d'humiliation et son masque de *masochiste*. Il fait tout pour se rendre utile. C'est une façon pour lui de cacher sa blessure et de se faire croire qu'il ne souffre pas d'humiliation.

C'est souvent pour cette raison que le *masochiste* est souvent reconnu pour sa capacité de faire rire les autres, en riant de lui-même. Il est très expressif lorsqu'il raconte des faits et il trouve un moyen pour les rendre drôles. Il se prend comme cible pour faire rire les gens. C'est une façon inconsciente de s'humilier, de s'abaisser. Personne ne peut ainsi deviner que la peur d'avoir honte se dissimule peut-être sous les mots qui font rire.

La moindre petite critique faite à son égard le fait se sentir humilié et abaissé. De plus, il est un spécialiste pour s'abaisser lui-même. Il se voit beaucoup plus petit, moins important qu'il ne l'est en réalité. Il ne peut pas concevoir que les autres le considèrent comme une personne spéciale et importante à leurs yeux. J'ai remarqué que le mot *petit* est très présent dans son vocabulaire. Il dira par exemple : « As-tu une petite minute pour moi? » ou « ma petite tête » ou « j'ai une petite idée » ou « un petit peu ». Il écrit petit, il fait des petits pas, il aime les petites autos, les petites maisons, les petits objets, des petites bouchées, etc. Si tu te reconnais dans la description du *masochiste* et que tu n'es pas conscient d'utiliser ces mots, je te suggère de demander à ceux qui t'entourent s'ils veulent bien t'observer et t'écouter. On est souvent la dernière personne à se connaître véritablement.

Quand le *masochiste* utilise le terme *gros*, c'est plutôt pour s'abaisser, s'humilier. Lorsqu'il se salit, en mangeant par exemple (ce qui est assez fréquent), il dira ou pensera de lui-même : « Quel gros cochon je suis! » Un jour, j'étais en compagnie d'une dame du type *masochiste* à une soirée. Elle s'était bien habillée et avait osé porter ses plus beaux bijoux. Je la complimente alors sur sa tenue et elle me répond : « J'ai l'air d'une grosse riche, tu ne trouves pas? »

La personne souffrant d'humiliation est souvent portée à se blâmer pour tout et même à prendre le blâme pour les autres. C'est sa façon d'être une bonne personne. Un homme *masochiste* me racontait que lorsque son épouse se sent coupable de quelque chose, il se laisse facilement convaincre que c'est de sa faute à lui. Par exemple, elle lui donne une liste d'achats à faire et elle oublie de noter un article qui est acheté régulièrement toutes les semaines. Il revient du magasin sans l'article. Elle lui dit : « *Pourquoi n'y as-tu pas pensé? Tu le sais bien qu'il nous en faut chaque semaine!* » Il se sent coupable et s'accuse de ne pas y avoir pensé. Il ne réalise pas qu'elle l'accuse parce qu'elle se sent coupable d'avoir oublié de le noter sur la liste. Même si elle avait dit : « *J'ai oublié de noter tel article sur la liste* », il s'en voudrait de ne pas y avoir pensé.

Voici un autre exemple d'une dame qui a la même attitude. Son mari conduit l'auto et ils parlent ensemble. En la regardant pour lui répondre, il fait une fausse manœuvre au volant. Il accuse alors sa conjointe de le distraire. Lorsque ces situations se produisent, elle croit qu'elle doit s'excuser auprès de lui. En vérifiant avec elle si ce qu'il dit est vrai et si elle fait vraiment exprès, elle réalise que la réalité est tout autre, mais comme il déclare qu'elle est coupable, elle est portée à le croire.

Ces exemples illustrent bien l'habitude qu'a le *masochiste* de prendre la responsabilité de quelque chose qui ne lui appartient pas et de s'en blâmer. Prendre le blâme et s'excuser ne règlent jamais rien, car chaque fois que ce même genre de situation se reproduit, il se blâme à nouveau.

Il est important de se souvenir que les autres ne peuvent jamais nous faire sentir coupable, car la

culpabilité ne peut venir que de l'intérieur de nous-même.

La personne masochiste se sent souvent impuissante face à ceux qu'elle aime et qui sont proches d'elle. Lorsqu'elle se fait blâmer (réaction qu'elle attire malgré elle), elle reste bouche bée, ne sachant pas quoi dire pour se défendre. Elle se blâme. Elle peut souffrir au point de quitter la situation. Elle essaiera par la suite de trouver des justifications, des explications dans le but de ramener la paix. Se croyant coupable, elle croit que c'est à elle d'arranger la situation. Je ne dis pas que c'est seulement le masochiste qui se sent coupable. Chacun des cinq types de caractère se sentent coupables pour des raisons différentes. Le masochiste, se sentant humilié facilement, semble faire plus de pirouettes et se sent davantage coupable.

La liberté est très importante pour le *masochiste*. Être libre pour lui signifie qu'il n'a de compte à rendre à personne, qu'il n'est pas contrôlé par personne et qu'il fait ce qu'il veut quand il veut. Plus jeune, le *masochiste* ne s'est pas senti libre la plupart du temps, surtout avec ses parents. Ces derniers ont pu, par exemple, l'empêcher d'avoir les amis qu'il aurait voulu fréquenter, de pouvoir sortir à sa guise, etc. ou lui donner plusieurs tâches ou responsabilités à la maison, comme s'occuper des autres enfants. Je dois préciser par contre qu'il est porté à se créer lui-même des obligations, plus souvent qu'autrement.

Lorsqu'il s'estime libre et qu'il sent que personne ne lui met des bâtons dans les roues, il s'éclate, vit sa vie à fond : il n'a pas de limites. À ce moment, il tombe dans le *trop* dans plusieurs domaines de sa vie. Il mange trop, il achète trop de nourriture, il cuisine trop, il boit trop, il en fait trop, il veut trop aider, il travaille trop, il dépense trop, il trouve qu'il a trop de biens, il parle trop. Lorsqu'il adopte un de ces comportements, il a honte de lui-même, car il se sent humilié par les regards ou remarques des autres. C'est pourquoi il a très peur de se retrouver sans limites, car il est convaincu qu'il ferait des choses honteuses, que ce soit au plan sexuel ou social, au niveau des achats, des sorties, etc. De plus, il croit que s'il s'occupe surtout de lui, il ne sera plus utile aux autres. Cela vient réveiller l'humiliation vécue plus jeune lorsqu'il osait refuser de prendre les autres en charge. C'est pourquoi il y a beaucoup d'énergie bloquée dans le corps du *masochiste*. S'il arrivait à se permettre, sans honte ou sans culpabilité, d'être libre comme il en a besoin, son corps amincirait, car il débloquerait son énergie.

La plus grande peur du *masochiste* est donc **la liberté**. Il est convaincu qu'il ne saurait pas gérer le fait d'être libre à sa guise. Il s'arrange donc inconsciemment pour ne pas l'être et, la plupart du temps, c'est lui qui le décide. Il pense qu'en choisissant par lui-même, il ne sera pas contrôlé par les autres, mais ses décisions lui amènent souvent le résultat contraire, donc encore plus de contraintes et d'obligations. En voulant s'occuper de tous ceux qu'il aime, il croit assurer sa liberté, car c'est lui qui contrôle mais, en réalité, il s'emprisonne. Voici quelques exemples :

◆ Monsieur se croit libre d'avoir autant de compagnes qu'il veut et se crée du même coup plein de problèmes reliés à la gestion de son temps pour parvenir à les voir toutes et à s'assurer que chacune d'elles ne connaisse pas l'existence des autres.

◆ Monsieur se sent en prison à la maison avec son épouse contrôlante. Il se trouve deux ou trois emplois supplémentaires le soir pour y échapper. Il se croit libre mais, en réalité, il n'a plus de liberté pour s'amuser et pour prendre du temps avec son enfant.

♦ Madame demeure seule et, pour être libre, achète sa propre maison. Elle n'a plus de temps libre pour elle, car elle se retrouve seule avec tous les travaux à faire.

Ce que le *masochiste* fait pour se libérer dans un domaine l'emprisonne dans un autre. En plus, il se crée plein de situations dans son quotidien qui l'obligent à faire des choses qui ne répondent pas à ses besoins.

Une autre caractéristique du *masochiste* est de se punir en croyant pénaliser quelqu'un d'autre. Une dame me racontait qu'elle se disputait fréquemment avec son mari parce qu'il sortait fréquemment avec ses amis et n'était pas assez souvent avec elle. Lors de ces disputes, elle finissait par lui dire : « *Si tu n'es pas content, prends la porte!* » Il se dépêchait alors à prendre son manteau et à partir. Elle se retrouvait seule une fois de plus. En croyant le punir, elle se punissait elle-même en se retrouvant seule et son mari était bien heureux de sortir. Voilà un bon moyen d'alimenter sa partie *masochiste*.

Le *masochiste* a aussi le don de se punir lui-même avant que quelqu'un d'autre ne le fasse. C'est comme s'il voulait se donner le premier coup de fouet, se préparant ainsi pour que ceux de l'autre fassent moins mal. Cette situation se produit surtout lorsqu'il a honte de quelque chose ou qu'il a peur d'avoir honte face à l'autre. Il a tellement de difficulté à se faire plaisir que lorsqu'il s'amuse dans une activité ou avec quelqu'un, il s'accuse la plupart du temps de trop en profiter. Le *masochiste* fait tout ce qu'il peut pour ne pas être jugé de profiteur des bonnes choses. Plus il s'accuse d'être ainsi, plus son corps profite, c'est-à-dire qu'il prend du poids.

Une jeune maman m'a un jour dit : « *Je m'aperçois que je m'arrange pour ne pas avoir de temps pour me faire plaisir ou de ne pas avoir de plaisir à faire ce que je fais.* » Elle ajouta que le soir, lorsque son mari et ses enfants regardent une émission de télévision, elle s'arrête parfois pour faire de même. Lorsqu'elle est attirée par l'émission en cours, elle reste debout à la regarder. Elle n'arrive même pas à prendre le temps de s'asseoir parce que, selon elle, elle paresserait; donc, elle ne serait pas une bonne mère. Le sens du devoir est très important pour les personnes *masochistes*.

Le *masochiste* se retrouve souvent l'intermédiaire entre deux autres personnes. Il sert de tampon entre les autres, ce qui est une raison pour se créer une bonne couche de protection. Il s'arrange aussi pour servir de bouc émissaire dans plusieurs situations. La mère *masochiste* interviendra, par exemple, entre le père ou le professeur et les enfants, plutôt que de leur apprendre à assumer leur responsabilité. Au travail, le *masochiste* choisit un poste où il se voit obligé d'intervenir pour tout arranger afin que tout le monde soit heureux. Sinon, il s'accuserait de n'avoir rien fait et en aurait honte parce qu'il se croit responsable du bonheur des autres.

On le voit d'ailleurs dans son corps lorsqu'il en prend trop sur ses épaules et son dos. Il se retrouve avec un mal de dos ou avec les épaules de plus en plus haussées.

On peut voir aussi dans son corps à quel moment le *masochiste* ne peut plus en prendre. On a l'impression que sa peau est étirée à son maximum, qu'il n'y a plus de place, qu'il est serré dans son corps. Quand c'est le cas, il s'habille avec des vêtements très serrés. On a l'impression que s'il respire un peu trop fort, ses vêtements vont se déchirer. Si c'est ton cas, ton corps essaie de te dire qu'il est grand temps de commencer à soigner ta blessure d'humiliation, car tu ne peux plus en prendre.

L'apparence est importante pour les personnes *masochistes* même si on pourrait penser le contraire, à voir la façon dont certaines s'habillent. Dans leur for intérieur, elles aiment beaucoup les beaux vêtements et bien paraître mais comme elles croient devoir souffrir, elles ne se le permettent pas. Quand un *masochiste* s'habille de façon à ce que ses bourrelets soient bien visibles avec des vêtements trop serrés, c'est signe que sa blessure est plus importante. Il se fait souffrir davantage. Lorsqu'il commence à se permettre de s'acheter de beaux vêtements de qualité, de la bonne taille et à son goût, on sait que sa blessure est en train de guérir.

Le *masochiste* a le don de s'attirer des situations ou des personnes qui vont l'humilier. Voici quelques exemples :

- Madame s'attire un homme qui est très déplacé en public quand il boit trop.

- Madame s'attire un conjoint qui flirte sans cesse avec les autres femmes devant elle.

- Monsieur s'attire une compagne grossière surtout devant ses collègues de travail.

- Madame tache ses vêtements, soit par un manque de contrôle de la vessie ou par un flot menstruel trop abondant.

- Monsieur ou Madame a le don de salir ses vêtements en mangeant en public : Monsieur en échappant de la nourriture sur sa cravate et Madame, sur sa poitrine. Madame dira que ce sont ses gros seins qui lui nuisent en mangeant. Elle ne veut pas voir qu'elle s'attire des situations humiliantes ou honteuses pour l'aider à découvrir sa blessure. Combien de fois ai-je entendu des dames *masochistes* me dire lors d'un repas avec elles : « Quelle grosse salope! Je me suis encore salie!» Plus elles essaient de nettoyer la tache, plus cette dernière semble grossir.

❖ Monsieur vit un licenciement et lorsqu'il fait la queue pour demander de l'assistance pour de l'assurance-emploi, il lui arrive fréquemment de voir un ancien collègue ou quelqu'un qu'il connaît le voir faire la queue. Il essaie de se cacher.

Seuls les gens souffrant d'humiliation vivent les situations décrites dans les exemples précédents de cette façon. Une autre personne aurait pu, dans la même situation, se sentir rejetée, abandonnée, trahie ou la vivre comme une injustice.

Voilà pourquoi il est important de te souvenir que ce n'est pas ce que tu vis qui te fait souffrir, mais bien ta réaction à ce que tu vis à cause de tes blessures non guéries.

Le dégoût est un sentiment souvent ressenti par le masochiste. Il se dégoûte lui-même ou les autres le répugnent. Il se crée souvent des situations où il vivra du dégoût et sa réaction première sera de rejeter ce qui le répugne. J'ai rencontré plusieurs personnes masochistes, hommes et femmes, qui étaient dégoûtées de leurs parents : une mère sale, trop grosse, fainéante ou vulgaire; un père alcoolique qui fumait sans arrêt, sentait mauvais ou qui sortait avec des amis louches ou avec d'autres femmes. Même enfants, ces personnes ne voulaient pas inviter leurs amis chez eux, ce qui diminuait la possibilité d'avoir autant d'amis que les autres.

Pour montrer jusqu'à quel point le *masochiste* a de la difficulté à être en contact avec ses propres besoins, il est très fréquent de le voir faire pour les autres ce qu'il ne fait pas pour lui-même. Voici quelques exemples :

◆ Monsieur aidera son fils à peindre son appartement alors qu'il ne trouve pas le temps d'accomplir cette tâche dans sa propre maison.

◆ Madame fera un beau ménage pour des invités mais lorsqu'elle est seule, elle ne le fera pas même si elle préfère une maison bien propre et rangée. Elle ne se croit pas assez importante.

◆ Madame qui préfère être bien mise, s'habillera bien en présence des autres mais seule, elle portera ses « guenilles ». Si quelqu'un arrive à l'improviste, elle aura honte d'être vue ainsi et aura envie de se cacher.

Comme pour toutes les blessures, l'humain fait tout pour ne pas être conscient de sa souffrance, car il a trop peur de sentir la douleur associée à cette blessure. Le *masochiste* le fait en essayant d'être digne à tout prix. Il utilise souvent les expressions *être digne* et *être indigne*. Il se juge souvent indigne : par exemple, indigne d'être aimé ou d'être reconnu. Dès qu'il se considère ainsi, il ne mérite pas de se faire plaisir, mais plutôt de souffrir. Tout cela se passe, la plupart du temps, de façon inconsciente.

Au niveau de la sexualité, le *masochiste* éprouve généralement des difficultés à cause de la honte ressentie. Avec tous les tabous véhiculés dans l'éducation sexuelle des enfants, il est normal que la personne ayant facilement honte soit influencée par les notions de péché, saloperie, saleté, etc. reliées à la sexualité.

Prenons l'exemple de l'enfant qui naît d'une fille-mère. Si cet enfant est considéré comme *l'enfant de la honte*, la blessure est éveillée très tôt, tellement tôt en fait, qu'il deviendra un adulte avec une blessure plus prononcée. Dès la conception, cette personne aura une image faussée de l'acte sexuel. Je sais que, de nos jours, la sexualité est beaucoup plus libre qu'auparavant mais ne te laisse pas leurrer par cela. De plus en plus d'adolescents et d'adolescentes souffrent d'obésité, ce qui en empêche plusieurs d'avoir une vie sexuelle normale et agréable. Cette honte sexuelle transmise de génération en génération se réglera seulement quand la blessure d'humiliation sera guérie. J'ai constaté au fil des années que la majorité des personnes souffrant d'humiliation font partie de familles où tous les membres ont des processus à faire au niveau sexuel. Ce n'est pas pour rien que toutes ces âmes se sont attirées mutuellement.

La jeune fille *masochiste* a tendance à se contrôler sexuellement, surtout pour ne pas faire honte à sa mère qui est généralement contrôlante à ce sujet. L'adolescente apprend de sa mère que le sexe est dégoûtant et plus tard, elle devra travailler sur elle-même pour arriver à se défaire de cette croyance. Une jeune fille m'a raconté combien elle avait eu honte après s'être laissée embrasser et toucher par un garçon à l'âge de 14 ans. Le lendemain, à l'école, elle avait l'impression que tout le monde la regardait et qu'ils savaient ce qu'elle avait fait.

Combien de jeunes filles se sont senties humiliées au moment de l'arrivée de leur première menstruation et de l'apparition de leurs seins!!! Certaines essaient même d'aplatir leurs seins lorsqu'elles les trouvent trop gros.

L'adolescent *masochiste* se sent aussi contrôlé au niveau sexuel. Il a très peur de se faire prendre sur le fait lorsqu'il se masturbe. Plus il croit que c'est honteux, plus il veut arrêter de le faire et plus il sera porté à la masturbation. Il s'attirera aussi des situations humiliantes et honteuses avec ses parents et ses amis au niveau sexuel.

L'humiliation est plus forte en général avec la mère et les filles. Plus une personne croit que le sexe est honteux et sale, plus elle sera sujette à s'attirer du harcèlement sexuel et des abus surtout durant l'enfance et l'adolescence. Elle aura tellement honte qu'elle n'osera pas en parler à quiconque.

Plusieurs femmes de type *masochiste* m'ont raconté qu'après avoir pris leur courage à deux mains pour dire à leur mère qu'elles vivaient du harcèlement ou de l'inceste, elles se sont fait répondre : « *C'est de ta faute, c'est toi qui es trop sexy* » ou « *Tu n'as qu'à ne pas le provoquer* » ou « *Tu as sûrement fait quelque chose pour que cela t'arrive* ». Ce genre de réaction de leur mère n'a fait qu'amplifier leur sentiment d'humiliation, de honte et de culpabilité. Lorsqu'une femme se met une belle grosse protection sous forme de surplus de poids autour des hanches, des fesses et du ventre, c'est-à-dire autour de la région sexuelle de son corps, on peut soupçonner chez elle une peur vis-à-vis de la sexualité, causée par les abus vécus.

Il n'est pas surprenant de voir autant d'adolescentes et de plus en plus d'adolescents se mettre à grossir au moment où les désirs sexuels se manifestent davantage. C'est un bon moyen pour ne pas être désirables, pour ne pas se faire harceler et pour, inconsciemment, se priver du plaisir sexuel. Combien de femmes m'ont dit : « *Si j'avais un beau corps mince, je serais trop sexy et je tromperais peut-être mon mari* » ou « *Je m'habil-*

lerais plus sexy et mon mari serait jaloux ». J'ai constaté que la majorité des grosses personnes, hommes et femmes, sont très sensuelles. Comme elles ne croient pas qu'elles méritent de se faire plaisir, elles vont donc s'organiser pour se priver dans le domaine sexuel également.

Il est donc probable que la personne qui souffre d'humiliation ait des fantasmes bien qu'elle n'oserait jamais en parler, car ce serait honteux. Non seulement les personnes *masochistes* sont sensuelles mais elles sont aussi sexuelles. Elles feraient l'amour souvent si elles étaient capables de se laisser aller à être telles qu'elles veulent être et, surtout, si elles prenaient le temps de reconnaître leurs vrais besoins dans ce domaine (comme dans les autres secteurs d'ailleurs). J'ai entendu à plusieurs reprises des femmes dire que lorsqu'elles ressentent le désir de faire l'amour, elles n'osent pas en parler à leur partenaire. Il est inconcevable, selon elles, de déranger l'autre pour son propre plaisir.

L'homme *masochiste* n'a généralement pas non plus le genre de vie sexuelle qu'il désire. Il est soit très timide face au sexe, soit obsédé et en recherche partout. Il peut avoir des difficultés au niveau de l'érection ou même souffrir d'éjaculation précoce.

Lorsque la personne *masochiste* se donne le droit d'aimer le sexe et qu'elle trouve le conjoint avec qui elle pourrait se laisser aller, elle a quand même de la difficulté à s'abandonner complètement. Elle a honte de montrer ce qu'elle aime dans le sexe et de se laisser aller à faire des sons, par exemple, qui montreraient à quel point elle aime cela.

La confession, exigée par la religion, a également été source de honte pour ceux qui y ont été obligés étant jeunes, plus particulièrement pour la jeune fille qui devait déclarer sa vie sexuelle à un homme. Ces personnes devaient même se confesser de leurs *mauvaises pensées*. Il est facile d'imaginer la difficulté, surtout pour une jeune fille de type *masochiste*, de se confesser d'avoir fait l'amour avant de se marier. Les plus croyantes avaient très honte face à **DIEU,** car pour elles, décevoir **DIEU** était inacceptable et elles trouvaient cela très humiliant d'avoir à le raconter en plus à un prêtre. Cette humiliation laisse une marque profondément imprégnée qui prend de nombreuses années à disparaître.

Ça demande aussi un effort marqué pour l'homme et la femme *masochistes* de se dévêtir à la clarté devant un nouveau conjoint. Ils ont peur d'avoir honte lorsque l'autre les regardera, bien qu'au plus profond d'eux-mêmes, ce sont les *masochistes* qui ont le plus de plaisir à se promener nus lorsqu'ils arrivent à s'en donner le droit. Étant des personnes sensuelles, autant elles peuvent trouver le sexe « cochon », autant elles peuvent souhaiter être plus « cochonnes » dans leur sexualité. Ceci est peut-être difficile à comprendre pour quelqu'un qui n'est pas du type *masochiste* mais ceux qui le sont le comprennent. C'est la même chose pour tous les types de blessures. On peut mieux comprendre lorsqu'on vit l'expérience de la blessure.

Suite à ce qui est mentionné dans ce chapitre, il va de soi que la blessure d'*humiliation* affecte notre façon de communiquer. Les peurs du *masochiste* qui l'empêchent de communiquer clairement et de faire ses demandes sont les suivantes : peur de blesser l'autre, de passer pour un égoïste s'il dévoile ses besoins ou ses désirs, d'être abaissé ou humilié, que l'autre le fasse se sentir comme une poubelle, de se faire dire ou de sentir qu'il est indigne. Si tu te vois dans ces peurs, voilà un bon moyen pour découvrir que tu n'es pas toi-même et que c'est ta blessure d'*humiliation* qui prend le dessus.

Voici quelques malaises et maladies qui peuvent se manifester chez le *masochiste* :

- ◉ Les maux de DOS et des sensations de lourdeurs sur les ÉPAULES sont très fréquents, car il en prend beaucoup sur lui. Son mal de dos est dû surtout à son sentiment de manque de liberté. Le bas du dos est affecté lorsque c'est relié aux choses matérielles et le haut du dos, au domaine affectif.

- ◉ Il peut souffrir de PROBLÈMES RESPIRATOIRES s'il se laisse étouffer par les problèmes des autres.

- ◉ Les problèmes aux JAMBES et AUX PIEDS, comme les VARICES, LES ENTORSES et les FRACTURES, sont fréquents. À cause de sa peur de ne plus être capable de bouger, il finit par s'attirer des problèmes physiques qui l'empêchent de se mouvoir.

- ◉ Il est fréquent qu'il souffre du FOIE, car il est du genre à se « faire beaucoup de bile » pour les autres.

- ◉ Les maux de GORGE, les ANGINES et les LARYNGITES sont d'autres problèmes que le *masochiste* rencontre, car il retient beaucoup ce qu'il a à dire et surtout ce qu'il veut demander.

- ◉ Plus il a de la difficulté à être conscient de ses besoins et à faire ses demandes, plus il augmente la probabilité d'avoir des problèmes à la GLANDE THYROÏDE.

◉ De plus, le fait de ne pas savoir écouter ses besoins provoque fréquemment des DÉMANGEAISONS DE LA PEAU. On sait que l'expression « ça me démange » signifie « j'ai extrêmement envie de ... » mais le *masochiste* ne se le permet pas, puisque ce serait honteux de vouloir trop se faire plaisir.

◉ Un autre problème physique que j'ai pu observer chez les personnes *masochistes* est le mauvais fonctionnement du pancréas, ce qui entraîne l'HYPOGLYCÉMIE et le DIABÈTE. Ces maladies se manifestent chez les personnes qui ont de la difficulté à se payer des douceurs ou chez celles qui s'en accordent mais qui se sentent coupables ou se font humilier.

◉ Le *masochiste* est aussi prédisposé aux PROBLÈMES CARDIAQUES parce qu'il ne s'aime pas assez. Il ne se croit pas assez important pour se faire plaisir. La région du cœur chez l'humain a un lien direct avec la capacité de se faire plaisir, avec la joie de vivre.

◉ De plus, à cause de sa croyance en la souffrance, il n'est pas rare de voir un *masochiste* obligé de subir plusieurs INTERVENTIONS CHIRURGICALES.

Je précise que toutes les maladies précitées sont expliquées en détail dans mon livre *Ton corps dit : « **Aime-toi!** »*

Si tu te retrouves avec un ou plusieurs de ces problèmes physiques, cela indique qu'il y a de fortes chances qu'ils soient causés par le comportement de ton masque de *masochiste*. Ces maladies peuvent se manifester chez des personnes avec d'autres blessures mais elles semblent beaucoup plus courantes chez les personnes souffrant d'humiliation.

Au niveau de l'alimentation, le *masochiste* est souvent extrémiste. Soit qu'il mange gloutonnement, soit qu'il n'absorbe que de petites portions pour se faire croire qu'il ne mange pas beaucoup, pour ne pas avoir honte. Il ingère par contre plusieurs petites portions ce qui finit par en faire beaucoup. Il a des moments de boulimie où il se nourrira en cachette sans toutefois se rendre vraiment compte de ce qu'il mange. Il est du genre à s'alimenter debout, près du comptoir de la cuisine par exemple. Il a ainsi l'impression de ne pas avoir autant mangé que s'il avait pris le temps de s'asseoir à la table de cuisine. Il a une préférence pour les aliments riches en gras.

Il se sent généralement très coupable et a honte de manger à peu près n'importe quoi, surtout ce qu'il considère comme être des aliments qui font prendre du poids, comme le chocolat. Une participante dans un stage m'a raconté que lorsqu'elle fait ses courses à l'épicerie et qu'elle se retrouve à la caisse pour payer, elle regarde toutes les *gâteries* dans son panier et elle a honte de ce que les personnes autour peuvent penser d'elle. Elle est convaincue qu'ils la traitent de *grosse cochonne*.

Le fait de croire qu'elle mange trop n'aide pas la personne *masochiste* au niveau de son poids, car, comme tu le sais, il nous arrive toujours ce à quoi nous croyons. Plus une personne pense et se sent coupable d'avoir trop mangé, plus la nourriture avalée la fera grossir. Si une personne absorbe beaucoup d'aliments et ne prend pas de poids, c'est qu'elle n'a pas la même attitude intérieure, la même croyance. Les scientifiques diront que ces deux personnes ont un métabolisme différent. Il est exact que les gens peuvent avoir un métabolisme ou un système glandulaire différent qui peuvent affecter le corps physique, mais je demeure convaincue que c'est le système de croyances qui détermine le genre de métabolisme, de système glandulaire ou de système digestif qu'une personne a et non l'inverse.

Le *masochiste* se récompense malheureusement avec de la nourriture. C'est sa planche de salut, sa manière de se gratifier. Quand il commencera à le faire avec d'autres moyens, il sentira moins le besoin de compenser par les aliments. Il ne doit pas s'en vouloir pour ce comportement, car c'est sûrement ce qui l'a sauvé jusqu'ici, ce qui l'a aidé à pouvoir continuer à vivre.

Selon les statistiques, 98 % des personnes qui suivent un régime pour maigrir reprennent le poids perdu et un peu plus lorsqu'elles se remettent à manger normalement. As-tu remarqué que ceux qui veulent maigrir disent, pour la plupart, qu'ils veulent *perdre* du poids ou qu'ils viennent de *perdre* du poids? Il est dans la nature de l'humain de tout mettre en branle pour retrouver ce qu'il perd. Voilà pourquoi il serait préférable d'utiliser l'expression *maigrir* plutôt que *perdre du poids*.

J'ai pu observer qu'après de nombreux régimes, les personnes ayant perdu et repris du poids très souvent ont de plus en plus de difficulté à en perdre à nouveau et de plus en plus de facilité à en prendre. Il semble que le corps physique soit fatigué par le travail exigé. Il est de loin préférable d'accepter ce poids et de travailler sur la blessure d'humiliation, tel qu'indiqué dans le dernier chapitre de ce livre.

Pour devenir plus conscient de sa blessure d'humiliation, le *masochiste* doit reconnaître à quel point il a eu honte de lui-même ou des autres personnes et combien certains ont pu avoir honte de lui. De plus, il doit devenir conscient des nombreuses fois où il s'humilie lui-même, c'est-à-dire où il s'abaisse et se sent indigne. Comme il est souvent extrémiste, il commence généralement par ne voir aucune situation de honte pour ensuite en reconnaître une énorme quantité. Lorsque cela arrive, sa première réaction consiste à avoir un choc face à toutes ces situations de honte et d'humiliation pour ensuite en rire. C'est le début de la guérison. Un autre moyen pour en devenir conscient consiste à prendre conscience s'il est du genre à vouloir souvent prendre sur son dos les responsabilités ou les engagements des autres.

Si tu te vois dans cette blessure d'humiliation, souviens-toi que c'est au niveau de l'âme que tu as le plus besoin de travailler, c'est-à-dire te libérer de la blessure de l'humiliation. Si tu ne fais du travail qu'au niveau physique en te contrôlant sans cesse pour ne pas grossir ou pour maigrir, tu n'es pas en accord avec ton plan de vie et tu devras te réincarner dans un nouveau corps peut-être encore plus gros. Tant qu'à être ici, il est plus sage de t'organiser pour faire ce qui libérera ton âme.

Il est important de réaliser que ta mère ou ton père vivent aussi la blessure d'humiliation. Ils la vivent avec le parent du même sexe que toi. En ayant de la compassion pour ton parent qui vit cette blessure, il te sera plus facile d'en avoir pour toi.

Souviens-toi que la principale cause d'une blessure vient de l'incapacité à se pardonner ce que l'on se fait à soi-même ou ce qu'on a fait subir aux autres. Il nous est difficile de nous pardonner, car, en général, nous sommes inconscients de nous en vouloir. Plus la blessure d'humiliation est importante, plus cela signifie que tu t'humilies toi-même en te rabaissant ou en te comparant avec les autres ou que tu humilies d'autres personnes en ayant honte d'eux ou en voulant trop en faire pour eux. **Nous reprochons aux autres tout ce que nous faisons nous-même et ne voulons pas voir.** C'est la raison pour laquelle nous attirons autour de nous des personnes qui nous montrent ce que nous faisons aux autres ou à nous-même.

J'ai mentionné plus tôt que le masque de *masochiste* semble être celui qui est le plus difficile à reconnaître et à admettre. Si tu te vois dans les caractéristiques physiques de ce masque mais non dans les autres, je te suggère de relire ce chapitre plusieurs fois dans les prochains mois. Peu à peu, les situations où tu as vécu de la honte et de l'humiliation surgiront. Il est important de te donner le temps nécessaire pour reconnaître cette blessure en toi.

Je te rappelle que les caractéristiques et comportements mentionnés dans ce chapitre sont présents seulement lorsqu'une personne porte son masque de masochiste, croyant ainsi éviter de vivre de l'humiliation. Selon la gravité de la blessure et l'intensité de la douleur, ce masque peut être porté seulement quelques minutes par semaine ou presque toujours.

Les comportements propres au masochiste sont dictés par la peur de revivre la blessure d'humiliation. Par contre, il est probable que tu te reconnaisses dans certains comportements et non dans tout ce que j'ai écrit. Il est presque impossible pour une personne de s'identifier dans tous les comportements mentionnés. Toutes les blessures décrites dans ce livre ont chacune leurs comportements et attitudes intérieures respectives. Ces façons de penser, de sentir, de parler et d'agir reliées à chaque blessure indiquent donc une réaction à ce qui se passe dans la vie. Une personne en réaction n'est pas centrée, ne se trouve pas dans son cœur et ne peut pas se sentir bien ou heureuse. Voilà pourquoi il est si utile d'être conscient des moments où tu es toi-même et de ceux où tu es en réaction. Ce faisant, il est possible pour toi de devenir maître de ta vie au lieu de te laisser diriger par tes peurs.

Ce chapitre a pour but de t'aider à devenir conscient de la blessure d'humiliation. Si tu te vois dans la description de cette blessure, le dernier chapitre contient toutes les informations dont tu auras besoin pour guérir cette blessure et redevenir toi-même, sans croire que la vie est remplie d'humiliation. Si tu ne te vois pas dans celle-ci, je te suggère de vérifier auprès de ceux qui te connaissent bien s'ils sont d'accord avec toi. J'ai déjà mentionné qu'il est possible d'avoir seulement une petite blessure d'humiliation. En tel cas, tu ne posséderais que certaines des caractéristiques. Je te rappelle qu'il est important de te fier d'abord à la description physique, car le corps physique ne ment jamais, contrairement à nous qui pouvons nous faire accroire facilement.

Si tu reconnais cette blessure chez quelques personnes dans ton entourage, tu ne dois pas essayer de les changer. Utilise plutôt ce que tu apprends dans ce livre pour développer plus de compassion pour eux, pour mieux comprendre leurs comportements réactifs. Il est préférable qu'ils lisent eux-mêmes ce livre s'ils démontrent un intérêt en ce sens plutôt que de tenter de leur expliquer le contenu dans tes mots.

Caractéristiques de la blessure d'HUMILIATION

Éveil de la blessure: Entre un et trois ans avec le parent qui s'est occupé de son développement physique, en général la mère. Manque de liberté. Se sentir humilié par le contrôle de ce parent.

Masque : Masochiste

Corps : Gros, rondelet, taille courte, cou gros et bombé, tensions au cou, à la gorge, aux mâchoires et au pelvis. Visage rond, ouvert.

Yeux : Grands, ronds, ouverts et innocents d'un enfant.

Vocabulaire : « être digne », « être indigne », « petit », « gros ».

Caractère : A fréquemment honte de lui-même et des autres ou peur de faire honte. N'aime pas aller vite. Connaît ses besoins mais ne les écoute pas. En prend beaucoup sur son dos. Contrôle pour éviter la honte. Se croit malpropre, sans cœur, cochon ou moindre que les autres. Fusionnel. S'arrange pour ne pas être libre car « être libre » signifie « illimité ». S'il est sans limites, il a peur de déborder. Joue à la mère. Hypersensible. Se punit en croyant punir l'autre. Veut être digne. Vit du dégoût. Honte au niveau sexuel mais sensuel et n'écoute pas ses besoins sexuels. Compense et se récompense par la nourriture.

Plus grande peur : La liberté.

Alimentation : Aime aliments riches en gras, chocolat. Boulimique ou plusieurs petites portions. Honte de s'acheter ou manger des *gâteries*.

Maladies possibles : Dos • épaules • gorge • angines • laryngites • problèmes respiratoires • jambes • pieds • varices • entorses • fractures • foie • glande thyroïde • démangeaisons de la peau • hypoglycémie • diabète • cœur.

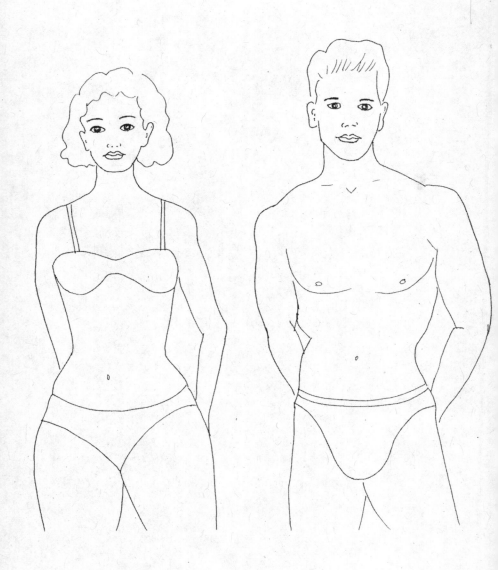

PHYSIQUE DU CONTRÔLANT
(Blessure de trahison)

CHAPITRE 5
LA TRAHISON

On peut trahir quelqu'un ou subir une trahison de plusieurs façons. Selon le dictionnaire, trahir signifie *cesser d'être fidèle à quelqu'un ou à une cause, abandonner ou livrer quelqu'un.* Le terme le plus important relié à la trahison est *fidélité,* contraire de *trahison.* Être fidèle, c'est garder ses engagements, être loyal et dévoué. On peut faire confiance à une personne fidèle. Quand la confiance est détruite, on peut souffrir de trahison.

Cette blessure est éveillée entre l'âge de deux et quatre ans, au moment où l'énergie sexuelle se développe, engendrant ainsi le complexe d'Oedipe. **Cette blessure est vécue avec le parent du sexe opposé.** L'âme qui veut travailler sur cette blessure s'attire un parent avec qui il y aura une forte connexion d'amour et une grande attirance mutuelle, donc un fort complexe d'Oedipe.

Voici quelques explications pour ceux qui désirent davantage d'informations sur cette théorie du complexe d'Œdipe, créée par le psychanalyste SIGMUND FREUD. Selon lui, nous vivons tous ce complexe mais à différents degrés. Chaque enfant, surtout entre deux et six ans, devient amoureux du parent du sexe opposé ou de la personne qui joue ce rôle, car il est à l'âge où son énergie sexuelle se développe. L'enfant commence dès lors à prendre contact avec sa force de vie, sa force sexuelle, celle qui représente sa capacité de créer.

Il est naturel que dès sa naissance, le bébé soit fusionné avec sa mère et qu'il ait un grand besoin de son attention et de ses soins. La maman doit quand même continuer à vaquer à ses occupations quotidiennes et à prendre soin des autres membres de la famille comme elle le faisait avant qu'il n'arrive. Si la mère répond trop à tous ses caprices au point où elle en devient presque son esclave, l'enfant commence à croire qu'il peut remplacer le père et combler maman par lui-même. Dans ce cas, et toujours selon Dr Freud, l'enfant ne passera pas par la phase œdipienne essentielle à son développement et cela deviendra très malsain pour lui au niveau psychologique et sexuel lorsqu'il sera adulte.

Bien passer à travers sa phase œdipienne signifie que tout enfant doit arriver à reconnaître qu'un père a été essentiel pour le créer. Même s'il n'est pas présent, la mère doit faire sentir à l'enfant que ce père existe et qu'il est aussi important qu'elle-même. Aussitôt que l'enfant commence à réaliser qu'il y a eu union des deux sexes pour le concevoir, il développe de l'intérêt pour le sexe opposé. Il développe un désir inconscient de faire un bébé avec le parent du sexe opposé. C'est son pouvoir de création qui se développe en même temps. Cela explique le comportement des petites filles qui essaient de séduire leur papa et des petits garçons, leur maman. Ils font tout pour obtenir l'affection du parent du sexe opposé. Ils vont également essayer de protéger ce parent, malgré la déception de ne pas recevoir l'attention désirée. Quand le parent du même sexe que l'enfant blesse le parent du sexe opposé, l'enfant vit cela très difficilement. Certains vont même parfois souhaiter la mort du parent qu'ils accusent.

Malheureusement, la plupart du temps, le complexe d'Œdipe est mal vécu parce que la mère est trop possessive de son fils et

le père, de sa fille. Plus le père est dévalorisé, voire complètement ignoré parfois, plus il sera difficile de résoudre ce
complexe. J'ai observé que ceux qui souffrent de trahison n'ont
pas résolu leur complexe d'Œdipe étant jeunes. Cela signifie
que leur attachement au parent du sexe opposé est beaucoup
trop grand, ce qui affecte leurs relations affectives et sexuelles
plus tard. Ils auront tendance à comparer sans cesse leur partenaire avec leur parent du sexe opposé ou auront de multiples
attentes de leur compagnon reliées à ce qu'ils n'ont pas reçu du
parent du sexe opposé. Au moment de l'acte sexuel, ces personnes éprouveront plus de difficulté à se laisser aller entièrement. Elles se retiendront, car elles auront peur de se faire
avoir par l'autre.

L'âme qui s'incarne dans le but de guérir la blessure de trahison se choisit des parents qui utilisent la séduction avec l'enfant et qui sont plutôt centrés sur eux-mêmes. Avec ce genre de
parents, l'enfant est porté à sentir qu'ils ont besoin de lui et il
veut surtout que le parent du sexe opposé se sente bien. Il
essaie par tous les moyens d'être spécial pour ce parent. Un
homme souffrant de la blessure de trahison me racontait que
dans sa jeunesse, sa mère et ses deux sœurs le valorisaient en
lui disant que lui seul parvenait à faire briller les chaussures de
cette façon lorsqu'il les nettoyait ou à faire tant luire le plancher
lorsqu'il le lavait et le cirait. Lorsqu'il exécutait ces deux tâches, il se sentait donc spécial. Il ne réalisait pas qu'il se faisait
manipuler par la séduction. Voilà un exemple démontrant
comment on peut vivre inconsciemment de la trahison étant
jeune.

L'enfant se sent trahi par son parent du sexe opposé chaque
fois que ce parent ne tient pas une promesse ou qu'il trahit sa
confiance. Il vit cette trahison surtout dans sa connexion amou-

reuse ou sexuelle. Par exemple, une expérience incestueuse est vécue comme une trahison dans presque tous les cas d'inceste. L'enfant vit également de la trahison chaque fois qu'il sent que son parent du même sexe se sent trahi par l'autre parent. Il la ressent comme si cela lui arrivait personnellement. Un sentiment de trahison peut également être vécu lorsque la petite fille est mise de côté par son père suite à l'arrivée d'un bébé garçon.

Lorsque l'enfant commence à vivre des expériences de trahison, il se crée un masque pour se protéger, comme dans le cas des autres blessures. Ce masque est celui de CONTRÔLANT. Le genre de contrôle qu'il exerce n'est pas motivé par la même raison que le contrôle exercé par le *masochiste*. Celui-ci contrôle pour ne pas avoir honte ou pour ne pas faire honte à quelqu'un d'autre, tandis que le *contrôlant*, lui, contrôle pour veiller à bien respecter ses engagements, être fidèle et responsable ou pour s'assurer que les autres gardent bien leurs engagements.

Le *contrôlant* se crée un corps qui exhibe la force, le pouvoir et qui semble dire : « Je suis responsable, vous pouvez me faire confiance. » On peut reconnaître l'homme *contrôlant* par de bonnes épaules, plus larges que les hanches. Il arrive parfois qu'il n'y ait pas une grande différence entre la largeur des épaules et des hanches, mais, comme je le disais dans un chapitre précédent, tu dois te fier à ton intuition. Lorsqu'au premier coup d'œil, il émane beaucoup plus de force du haut du corps, c'est le signe de quelqu'un qui souffre facilement de trahison. Par contre, si tu vois un homme avec de belles épaules larges, de gros biceps, la poitrine bombée et portant un T-shirt serré pour bien montrer ses muscles, tu sais que cet homme a une blessure de trahison plus importante. Chez la femme *contrôlante*, cette force se concentre plutôt au niveau des hanches, des fesses, du ventre et des cuisses. La culotte de cheval chez une femme fait aussi partie de cette blessure. Le bas de son corps est généralement plus large que les épaules. Lorsque la personne a un corps en forme de poire, plus la grosse partie de la poire est accentuée, plus la blessure de trahison est importante.

On peut toutefois observer, dans certains cas, le phénomène inverse. L'homme peut avoir des hanches et des cuisses plus larges que les épaules, et la femme peut être pourvue d'un corps d'homme, c'est-à-dire des épaules larges, des hanches et des cuisses plus étroites. Après observation et vérification avec plusieurs de ces cas, j'en suis arrivée à la conclusion que leur blessure de trahison a été vécue avec le parent du même sexe plutôt qu'avec celui du sexe opposé. Leur complexe d'Œdipe n'a pas été vécu normalement, c'est-à-dire avec le parent du sexe opposé. Ces personnes se seraient beaucoup attachées au parent du même sexe et auraient trop ignoré l'autre parent. Par contre, je dois avouer que ces cas sont plutôt rares. C'est pourquoi ce chapitre fait plutôt référence aux personnes qui vivent cette blessure de trahison avec le parent du sexe opposé. Il arrive plus fréquemment qu'un tel corps indique la blessure de *rejet* qui peut être vue dans un corps fragmenté.

Dans l'ensemble, les personnes portant le masque du *contrôlant* prennent leur place et sont très physiques. Il y a souvent un *regardez-moi* qui émane d'elles. Il arrive souvent qu'elles aient plusieurs kilos en trop, mais on ne peut pas dire qu'elles sont grosses. On les qualifiera plutôt de *personnes fortes*. Elles ne sembleront pas grosses, vues de dos. Toutefois, vues de face, ces personnes, homme ou femme, peuvent avoir un ventre gonflé. C'est leur façon de montrer leur force avec un ventre qui dit : « Je suis capable. » Les pays orientaux appellent cela *la force du Hara*.

Je précise que la prise de poids de qui que ce soit est reliée à une partie mentale de cette personne qui croit qu'elle ne prend pas assez de place dans la vie. Un surplus de poids ne signifie donc pas automatiquement la blessure d'humiliation expliquée au chapitre précédent. Pour le *masochiste*, son poids est un moyen additionnel pour se sentir humilié. Pour les autres blessures, une prise de poids est plus reliée à la croyance de devoir prendre plus de place. On observe que le *fuyant* et le *dépendant* qui sont très minces, et même maigres, ne veulent pas prendre plus de place. Ça aide le *fuyant* à être plus invisible et le *dépendant*, à paraître plus faible, donc à se faire aider.

Leur regard est intense et séducteur. Lorsque les *contrôlants* regardent une personne, ils ont le don de la faire se sentir spéciale, importante. Ils voient tout rapidement. L'intensité de leur regard les aide à voir d'un coup d'œil l'ensemble de ce qui se passe autour. Le *contrôlant* utilise beaucoup ses yeux pour garder l'autre à distance quand il est sur la défensive ou pour fixer et scruter l'autre d'une façon intimidante. Il se protège ainsi pour ne pas montrer sa faiblesse, sa vulnérabilité ou son impuissance.

Je te rappelle que lorsqu'une personne ne possède qu'une des caractéristiques mentionnées, sa blessure est moins importante. On reconnaît le domaine où une personne est *contrôlante* et a peur d'être trahie par la partie du corps qui indique de la force ou du pouvoir. Par exemple, lorsque la femme ou l'homme a des hanches très fortes et un ventre proéminent, comme une bonne protection, cela indique une rage ressentie contre le sexe opposé, et ce, surtout au niveau sexuel. Il est probable que la personne se soit sentie harcelée sexuellement étant plus jeune ou ait été victime d'un abus sexuel, ce qui explique cette forme de protection sexuelle.

Si tu te reconnais dans la description physique du *contrôlant* mais que tu es une personne plutôt introvertie, il est possible qu'il soit plus difficile pour toi de te reconnaître dans les comportements qui suivent, car le contrôle que tu exerces est beaucoup plus sournois, donc plus difficile à en devenir conscient. Si c'est le cas, les gens qui te connaissent bien pourraient te dire en lisant ce qui suit, si tu portes le masque de *contrôlant*. Lorsqu'une personne est plus extravertie, son contrôle est plus apparent et plus facile à constater.

Au niveau du comportement et des attitudes intérieures du *contrôlant*, la force est une caractéristique commune à toutes les personnes qui ont une blessure de trahison. Il est important pour elles d'arborer leur force et surtout leur courage. Très exigeantes avec elles-mêmes, elles veulent montrer aux autres ce dont elles sont capables. Elles vivent tout acte de lâcheté, donc de manque de courage, comme une trahison. Elles s'en voudront énormément de lâcher un projet, de ne pas avoir eu le courage d'aller jusqu'au bout. Elles ont beaucoup de difficulté à accepter la lâcheté chez les autres.

Comme elles éprouvent de la difficulté à accepter toute forme de trahison provenant d'elles-mêmes ou des autres, elles font tout en leur pouvoir pour être des personnes responsables, fortes, spéciales et importantes. Le *contrôlant* satisfait ainsi son ego qui ne veut pas voir combien de fois dans une semaine il se trahit lui-même ou trahit quelqu'un d'autre. Il en est inconscient la plupart du temps, car trahir est tellement inacceptable qu'il ne veut pas admettre qu'il puisse le faire. S'il est conscient d'avoir trahi quelqu'un, en ne tenant pas une promesse par exemple, il présente toutes sortes d'excuses et peut même souvent utiliser le mensonge pour s'en sortir. Il affirmera par exemple y avoir pensé quand, en réalité, il avait oublié ce qu'il devait faire.

Souviens-toi que chacune de nos blessures est présente pour nous rappeler que si les autres nous font souffrir, c'est aussi parce que nous le faisons aux autres ou à nous-même. Cela ne peut pas être compris ni accepté par l'ego. Si tu te reconnais dans le masque de contrôlant et que tu sens une certaine résistance en lisant ces lignes, c'est ton ego qui tient tête et non ton cœur.

Parmi les cinq blessures, le *contrôlant* est celui qui a le plus d'attentes envers les autres parce qu'il aime tout prévoir et ainsi tout contrôler. J'ai mentionné dans un chapitre précédent que le *dépendant* a aussi beaucoup d'attentes envers les autres mais ce sont des attentes en rapport avec son besoin d'être aidé et soutenu à cause de sa blessure d'abandon. Il se sent ainsi important. Les attentes du *contrôlant* envers les autres ont pour but de vérifier s'ils font bien ce qu'ils doivent faire ou s'il peut leur faire confiance. De plus, il est très habile pour deviner les attentes des autres. Il lui arrive fréquemment de dire ou de répondre quelque chose en fonction des attentes de l'autre, sans pour autant avoir l'intention de vraiment faire ce qu'il vient de dire.

Le *contrôlant* a une forte personnalité. Il affirme ce qu'il croit avec force et s'attend à ce que les autres adhèrent à ses croyances. Il se fait rapidement une opinion sur une autre personne ou sur une situation et il est convaincu d'avoir raison. Il affirme son point de vue de façon catégorique et il veut à tout prix convaincre les autres. Il va souvent utiliser l'expression *As-tu compris?* pour s'assurer qu'il s'est bien fait comprendre. Il croit que lorsqu'une autre personne le comprend, il est d'accord avec lui, ce qui n'est malheureusement pas le cas. J'ai vérifié avec plusieurs personnes *contrôlantes* si elles se rendaient compte à quel point elles essayaient de me convaincre lorsqu'elles m'exprimaient leur opinion et elles ne l'avaient pas remarqué. Tous les masques ont un point en commun: au moment où la personne porte un masque, elle en est inconsciente. L'entourage, par contre, voit beaucoup plus facilement le masque que cette personne porte.

La personne *contrôlante* s'arrange pour ne pas se placer dans des situations de confrontation où elle n'aurait pas le contrôle. Lorsqu'elle se retrouve avec des personnes qu'elle considère comme rapides et fortes, elle se retirera par peur de ne pas pouvoir leur faire face.

Le *contrôlant* est rapide dans ses actions. Il comprend ou veut comprendre rapidement et il a de la difficulté lorsqu'on prend trop de temps pour expliquer ou raconter quelque chose. Il interrompt souvent et répond avant même que son interlocuteur ait fini. Par contre, si quelqu'un d'autre ose lui faire le même traitement, il dira avec force: « *Laisse-moi terminer, je n'ai pas fini de parler!* »

Il a beaucoup de talents et s'exécute rapidement. Il a donc peu de patience avec les gens plus lents. Il doit faire des efforts pour lâcher prise avec eux. C'est souvent une occasion où il essaie de contrôler les autres. Par exemple, suivre en auto un autre conducteur qui roule lentement le rend souvent impatient et le met en colère. Le parent *contrôlant*, quant à lui, exigera que ses enfants soient rapides et qu'ils apprennent vite. C'est la même chose en ce qui le concerne. Quand ça ne va pas assez vite à son goût, et surtout quand il est dérangé par quelque chose d'imprévu, il vit de la colère. Il aime beaucoup finir le premier, surtout lors d'une compétition quelconque. Terminer au premier rang est encore plus important que de bien faire ce qu'il fait. Il ira même parfois jusqu'à recréer les règles du jeu pour que tout soit à son avantage.

Quand ça ne va pas selon ses attentes, il devient facilement agressif bien qu'il ne se voie pas comme une personne agressive. Il s'imagine plutôt comme quelqu'un qui s'affirme, qui est fort et qui ne se laisse pas marcher sur les pieds. Le *contrôlant* est celui parmi les cinq caractères à avoir le plus de hauts et de bas dans son humeur. Un moment, il peut être rempli d'amour et d'attention et, la minute suivante, se mettre en colère pour un petit incident. Son entourage ne sait pas sur quel pied danser. Les autres vivent très souvent ce genre d'attitude comme de la trahison.

Le contrôlant a donc à travailler sur sa patience et sa tolérance, surtout lorsque surviennent des situations qui l'empêchent de travailler ou de faire quoi que ce soit à sa façon et selon ses attentes. Par exemple, il fera tout pour guérir au plus vite s'il est malade afin de pouvoir continuer à vaquer à ses occupations. Lorsque ses proches, ou ceux qui ont des engagements envers lui, sont malades, il n'a pas plus de patience.

Le *contrôlant* est porté à « futuriser » c'est-à-dire à essayer de tout prévoir pour l'avenir. Son mental est très actif. Plus la blessure est forte, plus il veut avoir le contrôle sur tout pour éviter de souffrir de trahison et plus il veut prévoir l'avenir. Les inconvénients majeurs de cette attitude sont qu'il veut que tout se passe comme il l'a prévu et il est rempli d'attentes face à l'avenir. Cette attitude l'empêche aussi de bien vivre son moment présent. Par exemple, lorsqu'il travaille, il sera occupé à planifier ses vacances futures et pendant celles-ci, il organisera son retour au travail ou il s'inquiétera de ce qui se passe à la maison pendant son absence. Il est souvent plus pressé de voir ce qui arrivera et si tout se passera comme prévu que de profiter du moment présent.

Le *contrôlant* aime arriver en avance pour s'assurer le contrôle sur tout. Il n'aime pas être en retard et ne peut tolérer les personnes retardataires, bien que ça lui donne une autre occasion de les contrôler en essayant de les changer. Il devient impatient s'il finit une tâche avec du retard ou lorsque quelqu'un d'autre lui a promis un travail et le remet en retard. Cette difficulté est surtout vécue avec les personnes du sexe opposé, avec qui il s'énerve plus rapidement qu'avec les autres. Comme il est exigeant, il lui arrive souvent de ne pas accorder, à lui-même ou aux autres, assez de temps pour effectuer un certain travail.

Il a de la difficulté à déléguer une tâche tout en faisant confiance à l'autre. Il sera porté à vérifier continuellement si c'est fait selon ses attentes. Il a aussi de la difficulté lorsqu'il doit montrer à quelqu'un comment faire quelque chose et que ce dernier est lent pour apprendre. Il n'a pas de temps à perdre. Lorsqu'il délègue, ce sera des tâches faciles ou des fonctions où il ne sera pas blâmé si elles ne sont pas bien faites. Voilà pourquoi le *contrôlant* doit être rapide : il fait presque tout lui-même; sinon, il est occupé à surveiller ceux qui l'aident.

Il semble avoir des oreilles et des yeux tout le tour de la tête pour vérifier ce que les autres font et s'assurer qu'ils accomplissent bien ce qu'ils sont supposés faire. Il est plus exigeant avec les autres qu'avec lui-même. Par contre, il se fie plus facilement aux personnes du même sexe et il vérifie et contrôle davantage celles du sexe opposé. Je te rappelle que la blessure de trahison est éveillée chez le *contrôlant* chaque fois qu'il est en présence d'une personne infidèle à ses engagements.

Le *contrôlant*, se considérant comme très travailleur et responsable, a de la difficulté avec la paresse. Selon lui, une personne n'a le droit de paresser que lorsqu'elle a accompli toutes les tâches dont elle est responsable, pas avant. Voir une autre personne ne rien faire, surtout du sexe opposé, lui tombe royalement sur les nerfs. Il la traite de paresseuse et a de la difficulté à lui faire confiance. De plus, il s'arrange pour que tout le monde sache tout ce qu'il a accompli, comment il a procédé et combien il en a fait; ainsi les autres verront à quel point il est responsable et qu'on peut lui faire confiance. Le *contrôlant* déteste qu'on ne lui fasse pas confiance. Il se considère comme étant tellement responsable et talentueux que les autres devraient s'en remettre à lui. Cependant, il ne voit pas combien il lui est difficile de faire lui-même confiance aux autres.

Le *contrôlant* éprouve de la résistance pour se confier à qui que ce soit, car il craint que ses confidences soient utilisées contre lui un jour. Il doit vraiment faire confiance à une personne pour que celle-ci devienne sa confidente. Par contre, il est le premier à répéter aux autres ce qu'on lui a confié, mais il va de soi qu'il a une très bonne raison pour le faire.

Il aime ajouter son grain de sel à ce que les autres disent ou font. Par exemple, si une mère est en train de reprendre son enfant, le père *contrôlant*, en passant à côté d'eux, rajoute : « *As-tu compris ce que maman vient de te dire?* » Cette situation ne le concerne même pas mais il s'en mêle quand même. Si cette éventualité arrive à une petite fille, il y a de fortes chances pour qu'elle la vive comme une trahison, surtout lorsqu'elle est la petite fille à papa et qu'il ne prenne pas sa défense lorsque maman la punit. En général, le *contrôlant* aime avoir le dernier mot, c'est pourquoi il trouve très facilement quelque chose à rajouter à tout... ou presque.

Il s'occupe beaucoup des affaires des autres. Comme il est rapide à voir tout ce qui se passe autour de lui et qu'il se croit plus fort que les autres, il prend facilement tout en charge. Il croit qu'il doit les aider à organiser leur vie. Il ne réalise pas qu'il agit ainsi pour avoir le contrôle. En s'occupant des autres, il peut contrôler ce qu'ils vont lui faire, comment et quand ils le feront. Lorsque le *contrôlant* s'occupe des problèmes des autres, il a le sentiment qu'ils sont plus faibles que lui. C'est une façon déguisée de montrer sa propre force. Tant qu'une personne ne croit pas véritablement en sa force, elle fera tout pour essayer de la démontrer aux autres. S'occuper des plus faibles est un moyen souvent utilisé dans ce but.

De plus, le *contrôlant* est très sensible, mais cette sensibilité ne paraît pas beaucoup, car il est trop occupé à montrer sa force. Nous avons vu dans les chapitres précédents que le *dépendant* s'occupe des autres pour s'assurer leur support et soutien et que le *masochiste* agit ainsi pour être une bonne personne et pour ne faire honte à personne. Le *contrôlant*, pour sa part, s'occupe des affaires des autres pour ne pas souffrir de trahison ou pour s'assurer que les autres répondront à ses attentes. Si tu te vois comme étant le genre de personne qui se croit responsable d'arranger la vie de tous ceux que tu aimes, je te suggère de bien examiner ta motivation.

L'ego du *contrôlant* prend facilement le dessus lorsque quelqu'un le reprend dans ce qu'il fait, car il n'aime pas être surveillé, surtout par un autre *contrôlant*. Il éprouve beaucoup de difficulté avec les personnes autoritaires, car il croit qu'elles veulent le contrôler. Il se justifie et a toujours une bonne raison pour faire les choses à sa façon. Il admet assez difficilement ses peurs et il ne veut pas parler de ses faiblesses. D'ailleurs, le *contrôlant* commence très jeune à dire : « *Je suis capable, laisse-moi faire seul.* » Il veut faire les choses à sa façon mais aime bien que les autres le reconnaissent, le félicitent et, surtout, remarquent ce qu'il fait.

Il ne veut pas montrer sa vulnérabilité de peur que quelqu'un d'autre en profite et le contrôle. Il aime se montrer brave, courageux et fort le plus souvent possible.

En général, il n'en fait qu'à sa tête. Il dit aux autres ce qu'ils veulent entendre mais n'en tient pas compte et finit par agir à sa façon. En voici un exemple. Un jour, mon mari et moi avions embauché quelqu'un du type *contrôlant* pour faire des travaux à la maison. En expliquant à ce monsieur ce que je voulais qu'il fasse et par quoi je voulais qu'il commence, j'ai vu qu'il n'était pas d'accord et qu'il n'aimait pas que je lui dise quoi faire puisque c'était lui l'expert en matière de réparation. Il a donc essayé de me convaincre de la manière dont il voyait les choses, sans tenir compte de nos priorités. Je lui ai dit que je comprenais son point de vue mais que, pour répondre à nos besoins, mon mari et moi préférions autre chose. « Très bien! » m'a-t-il répondu. Pourtant, deux jours plus tard, je découvrais qu'il avait fait à sa tête, comme il voulait. Lorsque je lui ai fait part de mon mécontentement, puisque ce n'était pas ce que j'avais demandé, ses justifications étaient déjà toutes prêtes. Il s'est arrangé pour avoir le dernier mot, car il était trop tard pour tout recommencer.

J'ai mentionné plus tôt que le *contrôlant* n'aime pas les personnes autoritaires mais il ne se rend pas compte du nombre d'occasions où il donne des ordres et décide rapidement pour les autres. J'ai beaucoup de plaisir à observer un *contrôlant* qui occupe un poste de direction ou de surveillance dans un endroit public comme dans un restaurant, un hôpital, un magasin, etc. Il veut savoir tout ce qui se passe; il donne son opinion sans que celle-ci soit sollicitée; il semble ne pas pouvoir s'empêcher d'ajouter son commentaire à ce que les autres font ou disent.

Un jour, j'observais dans un restaurant un serveur *contrôlant* qui s'en prenait à un autre serveur qui avait toutes les caractéristiques du *fuyant*. Le *contrôlant* disait sans cesse au *fuyant* qui il devait servir et ce qu'il devait faire. Le *fuyant* levait les yeux au ciel en signe d'exaspération. Je venais tout juste de faire part de mes observations à mon mari, lui disant que ces deux-là risquaient d'avoir une bonne engueulade quand le jeune *fuyant*, celui qui nous servait, se dirige vers notre table et commence à nous raconter à quel point cette situation était difficile pour lui et qu'il planifiait de quitter son emploi très bientôt.

Connaissant les blessures, je ne fus pas surprise d'entendre ces propos, car un *fuyant* qui se sent trop rejeté, préfère fuir que de faire face à la situation. Le plus intéressant dans cette histoire est que le serveur *contrôlant* n'était même pas le patron ou son supérieur. Il était serveur au même titre que le *fuyant* et il avait simplement pris sur lui de rendre l'autre serveur aussi bon que lui. Le *contrôlant* semblait évidemment au-dessus de la situation et contrôlait bien l'achalandage. Il semblait très fier de lui et ne semblait pas se rendre compte de son attitude contrôlante. Il était plutôt occupé à montrer à son patron qu'il est un bon travailleur et qu'il peut lui faire confiance en toute situation. Selon lui, l'autre serveur aurait dû être reconnaissant pour l'aide qu'il lui apportait. Ce que nous appelons *contrôle*, le *contrôlant*, lui, qualifie son geste comme étant *de l'aide*.

Comme mon mari et moi mangeons très souvent dans les restaurants lors de nos déplacements, je trouve très utile de connaître les différents types de blessures, car cela m'aide à savoir la façon d'approcher les serveurs. Par exemple, je sais que si je fais une remarque désobligeante à un serveur *contrôlant* ou si je lui fais part d'une erreur qu'il a commise, il commence tout de suite à se justifier et peut même mentir pour sauver sa réputation et ne pas perdre la face. Si mon approche est contrôlante face à lui, je n'obtiens pas ce que je veux. Il doit sentir que ça vient de lui et non que ça lui est imposé par quelqu'un. J'ai vécu certaines expériences où le serveur faisait exprès de me faire attendre, seulement pour me montrer qui aurait le dernier mot.

Lorsque quelqu'un essaie de convaincre le *contrôlant* d'une nouvelle idée, il est facilement sceptique. Le plus difficile pour lui est d'être pris par surprise, de ne pas avoir eu le temps de se préparer. N'étant pas prêt, il risque de ne pas avoir le contrôle et, par conséquent, de se faire contrôler.

Comme l'effet de surprise est une émotion difficile à vivre pour lui, sa réaction première consiste à se retirer et à demeurer en état d'alerte. Il doit se préparer à toute éventualité et il aime penser d'avance à toutes les possibilités pour être prêt. Il ne réalise pas combien de fois il peut lui-même changer d'idée et placer ses proches dans des situations de surprise dues à un changement de dernière minute. Quand c'est lui qui décide, il se donne le droit de changer d'idée facilement.

Une dame ayant la blessure de trahison me racontait que lorsqu'elle était jeune, elle essayait toujours de deviner d'avance les réactions de son père, réactions qu'elle vivait très difficilement. Lorsqu'elle s'attendait à ce que son père la frappe parce qu'elle avait fait un mauvais coup, il ne la touchait pas. Lorsqu'elle prévoyait être reconnue pour ses bonnes notes scolaires, il la frappait sans qu'elle sache d'où venait sa colère. Cet exemple illustre bien le fait que sa blessure de trahison lui attirait ce genre de comportement ainsi que la blessure de trahison de son père qui lui faisait adopter ce comportement. C'est comme si ce dernier prenait un malin plaisir à la prendre par surprise, à ne pas répondre à ses attentes qu'il semblait connaître d'avance. Cela s'explique par la fusion entre un père et sa fille ou une mère et son fils qui vivent ce genre de blessure. Tout comportement imprévisible de la part du parent engendre généralement un sentiment de trahison chez l'enfant du type *contrôlant*.

Il est aussi très rapide à traiter les autres d'hypocrites à cause de sa grande méfiance. Par contre, avec son comportement manipulateur, on pourrait très souvent le juger d'hypocrite lui-même. Par exemple, lorsque les choses ne vont pas comme il veut, ça le met en colère et il parlera dans le dos de la personne concernée à qui veut bien l'entendre. Il ne réalise pas, à ce moment-là, que ça lui arrive à lui aussi d'être hypocrite.

Le *contrôlant* a horreur qu'on lui mente. Il dira : « *J'aime mieux me faire gifler que de me faire mentir.* » Il ment lui-même fréquemment mais, pour lui, ce ne sont pas des mensonges. Il trouve facilement de bonnes raisons pour déformer la vérité. Ses mensonges, généralement plus subtils, sont nécessaires, pense-t-il, pour arriver à ses fins ou pour se justifier. Par exemple, j'ai mentionné plus tôt qu'il devine facilement les attentes des autres et qu'il leur dit fréquemment ce qu'ils veulent entendre. Malheureusement, il ne peut pas toujours garder sa parole parce qu'il s'engage sans vérifier s'il pourra respecter ses engagements. Il trouve donc toutes sortes de bonnes excuses, même celle de dire qu'il ne se souvient pas du tout de s'être engagé. Pour les autres, c'est reçu comme un mensonge et vécu comme de la trahison. Le *contrôlant*, pour sa part, ne voit pas cela du tout comme mensonge. Il peut qualifier ce genre de comportement comme une expression de limites, par exemple. Paradoxalement, il vit très difficilement le fait que quelqu'un ne le croit pas. Si quelqu'un ne lui fait pas confiance, il croit qu'on le trahit. C'est pour éviter ce sentiment douloureux de trahison qu'il fait tout pour qu'on lui fasse confiance.

Dans mes ateliers, un grand nombre de femmes se sont plaintes de leur mari qui les manipulait et les contrôlait en mentant souvent. Après vérification, j'ai constaté que la plupart de ces hommes étaient des *contrôlants*. Je ne dis pas que toutes les personnes contrôlantes mentent mais cela semble encore plus probable chez elles. Si tu te reconnais dans cette blessure, je te suggère fortement d'être bien attentif, car, le plus souvent, le menteur ne croit pas que ses mensonges en sont des vrais ou il ne se rend même pas compte qu'il ment. Tu pourrais même demander à ceux qui te connaissent bien s'ils ont l'impression ou s'ils s'aperçoivent qu'il t'arrive de mentir.

Le *contrôlant* ne peut pas non plus tolérer les personnes qui trichent. Par contre, lorsque lui-même triche, en jouant aux cartes par exemple, il prétend que c'est pour rire ou pour vérifier si on s'en apercevrait. S'il triche sur son rapport d'impôt, il dira que tout le monde fait ça.

De plus, le *contrôlant* n'aime pas être placé dans une situation où il doit rapporter la façon d'agir de quelqu'un d'autre, un collègue au travail par exemple. Il sait que lorsque quelqu'un lui fait la même chose, il le vit comme une trahison. Il ne veut donc pas le faire aux autres. Il y a quelques années, au bureau d'ÉCOUTE TON CORPS, une nouvelle employée qui devait renseigner les clients par téléphone, leur donnait des informations inexactes. Cela se passait depuis plusieurs semaines lorsque je l'ai appris par une autre employée. J'ai donc vérifié avec celui qui travaillait près d'elle s'il s'était rendu compte de ce qui se passait. Il m'a avoué qu'il le savait depuis le début mais que *rapporter les paquets* ne faisait pas partie de ses tâches. Tu peux t'imaginer que ma partie *contrôlante* qui tenait depuis toujours à la réputation d'ÉCOUTE TON CORPS était en colère.

En effet, la réputation du *contrôlant* est très importante. Lorsque quelqu'un fait ou dit quoi que ce soit qui pourrait affecter la bonne réputation qu'il essaie de maintenir, il est insulté et en colère, car il vit cela comme une grave trahison. Il ira jusqu'à mentir pour avoir ou pour sauvegarder sa bonne réputation. Avoir la réputation d'être une personne fiable, responsable et qui s'occupe bien de ses affaires est ce qui lui importe le plus. Lorsqu'il parle de lui, il ne se dévoile pas complètement. Il ne parle que de ce qui lui donne une bonne réputation.

Il a même de la difficulté à cautionner quelqu'un pour un prêt d'argent, car il craint pour sa réputation si l'autre ne payait pas. Si, après de mûres réflexions, il décide de se porter garant d'une autre personne et que celle-ci ne respecte pas son engagement de payer, le *contrôlant* vit cela comme une trahison importante et difficile à vivre. Il est aussi du genre à ne pas aimer s'endetter, et lorsqu'il le fait, il paie le plus rapidement possible pour garder une bonne réputation.

J'ai aussi remarqué que les parents *contrôlants* agissent davantage en fonction de maintenir leur propre réputation qu'en fonction du bonheur de leurs enfants. Ils essayeront de les convaincre que c'est pour leur bien mais ces derniers ne sont pas dupes. Ils savent lorsque les parents pensent plutôt à eux-mêmes. Le parent *contrôlant* veut décider pour eux alors que celui qui pense véritablement au bonheur de ses enfants prend le temps de vérifier avec eux ce qui les rendrait heureux.

Les personnes *contrôlantes* n'aiment pas se retrouver dans une situation où elles ne peuvent répondre à une question. C'est pour cette raison que, dans l'ensemble, elles sont intéressées par les connaissances et qu'elles aiment apprendre sur beaucoup de sujets. Lorsqu'on leur pose une question, elles essaient de trouver une réponse au risque de dire n'importe quoi, car il leur est très difficile ou même impossible d'avouer : « *Je ne le sais pas.* » L'autre, s'apercevant tout de suite qu'il ne connaissait pas la réponse, peut avoir l'impression de se faire mentir. Quand quelqu'un dit : « *Je ne savais pas...*», le *contrôlant* se fait presque un devoir de répliquer : « *Moi, je le savais. Je ne sais pas où j'ai appris cela, mais je le savais*» ou « *J'ai appris cela à tel endroit* ». Ce n'est malheureusement pas toujours vrai. *Je le savais* est une expression souvent utilisée par le *contrôlant*.

Il est insulté quand quelqu'un s'occupe de ses affaires sans qu'il lui ait donné la permission. Si quelqu'un lit son courrier par exemple, il peut faire une grosse colère. Si une autre personne intervient ou répond pour lui alors qu'il est présent, il sera également insulté parce qu'il croit que l'autre n'a pas confiance en ses capacités. Il ne se rend pas compte qu'il lui arrive souvent d'intervenir et de parler pour les autres. Par exemple, un homme *contrôlant* marié à une femme *dépendante* (blessure d'abandon) sera généralement toujours en train de lui dire comment et pourquoi faire ceci ou cela. Malheureusement, ce genre de femme subit en silence.

Je dois ajouter que dans un couple où l'un des partenaires est *contrôlant* et l'autre, *dépendant,* le premier est très souvent dépendant de la faiblesse ou de la dépendance de l'autre. Il se croit fort parce qu'il contrôle l'autre mais, en réalité, il y a seulement une autre forme de dépendance. Lorsque deux *contrôlants* vivent ensemble, c'est plutôt une relation de pouvoir.

Tous les exemples cités sont vécus comme une trahison par un *contrôlant.* Si tu en es surpris, c'est parce que ta définition du mot « trahison » est trop limitée. En ce qui me concerne, j'ai travaillé pendant plusieurs années pour arriver à cette réalisation. Je voyais bien dans mon corps que j'avais la blessure de trahison mais je n'arrivais pas à faire de liens entre ce qui se passait dans ma vie et cette blessure. J'ai surtout éprouvé des difficultés à faire le lien avec mon père avec qui je vivais un gros complexe d'Œdipe. Je l'adorais tellement que je ne voyais pas en quoi j'aurais pu me sentir trahie par lui et, surtout, admettre que je pouvais lui en vouloir.

J'ai enfin pu consentir, après plusieurs années, qu'il ne répondait pas à mes attentes d'un *homme responsable.* Je viens d'une famille où généralement les femmes prenaient les décisions et les hommes les secondaient. J'ai retrouvé ce comportement chez mes parents ainsi que chez mes oncles et tantes. J'en ai conclu que les femmes prenaient toutes les responsabilités, car elles étaient plus fortes, plus capables. Les hommes étaient alors faibles à mes yeux parce qu'ils ne contrôlaient rien. En réalité, ma conception était fausse, car ce n'est pas parce qu'une personne ne prend pas de décisions qu'elle est irresponsable. J'ai dû aussi redéfinir les mots *responsabilité* et *engagement*.

Lorsque j'ai pris le temps de repenser à ce qui s'était passé dans mon enfance, j'ai réalisé que ma mère prenait bien la plupart des décisions, mais que mon père gardait toujours ses engagements face à elle et assumait ses responsabilités. Quand une des décisions que ma mère avait prise s'avérait ne pas être la meilleure, mon père en assumait les conséquences autant qu'elle. Il était donc un homme responsable.

Pour arriver à comprendre la notion de responsabilité, je me suis attiré un premier conjoint et deux fils que je traitais d'irresponsables et que j'ai essayé de contrôler pendant très longtemps avant de réaliser que j'avais cette opinion générale de tous les hommes. Cela explique pourquoi j'étais sur mes gardes avec le sexe opposé, comme tout *contrôlant* d'ailleurs. Pour m'aider à bien guérir ma blessure de trahison, je me suis attiré un deuxième conjoint ayant lui aussi la blessure de trahison. Grâce à lui, je peux vérifier dans le quotidien mes progrès et, par conséquent, la diminution de cette blessure. Je peux voir une grande différence entre mon comportement avec lui et celui que j'avais avec mon ex-conjoint.

Le *contrôlant* a aussi peur de l'engagement et cela vient d'une peur encore plus grande : la peur du désengagement. Il croit que ne pas tenir sa parole et se désengager sont synonymes de trahison. Il se croit donc obligé de garder sa parole et s'il prend trop d'engagements, il se sentira emprisonné. Plutôt que d'avoir à se désengager, il aime mieux ne pas s'engager. Je connais quelqu'un qui exige toujours que ce soit les autres qui s'engagent à lui téléphoner. De plus, il veut savoir le jour et l'heure qu'on le rappellera. Si on oublie de le rappeler, il contactera alors la personne qui n'a pas gardé son engagement pour lui dire sa façon de penser. Il ne réalise pas qu'il exige beaucoup des autres et que lui-même a de la difficulté à s'engager ou ne s'embarque jamais ainsi. En l'observant, je réalise la grande quantité d'énergie nécessaire pour tout contrôler de cette façon. Ce comportement ne fait que l'aider à continuer à alimenter sa blessure de trahison.

Plusieurs personnes qui souffrent de trahison ont souffert du fait que le parent du sexe opposé n'a pas gardé son engagement selon les attentes que l'enfant avait d'un parent idéal.

Je pense entre autres à un monsieur qui a aujourd'hui plus de soixante ans et qui vivait seul avec sa mère lorsqu'il était jeune. Celle-ci sortait avec tous les hommes qui n'hésitaient pas à dépenser beaucoup pour elle. Alors qu'il avait 15 ans, sa mère est partie avec l'un d'eux, car cet homme était disposé à dépenser une fortune pour elle. Elle mit son fils en pension, ce qui le fit souffrir d'abandon et surtout de trahison. Devenu adulte, sa manière d'attirer les femmes a été de dépenser de l'argent pour elles et de ne pas s'engager réellement dans aucune relation. Il croyait ainsi se venger de sa mère, mais, en réalité, il a la même blessure à guérir que les hommes qu'il jugeait de séduire sa mère avec leur argent.

Il est assez courant aussi d'entendre des participantes dans mes ateliers raconter que lorsqu'elles sont devenues enceintes d'un homme qui avait peur de s'engager, ce dernier insistait beaucoup pour qu'il y ait avortement. Ce genre d'incident chez celles qui ont la blessure de trahison vient ajouter une autre couche à leur blessure. Il est très difficile pour elles d'accepter l'idée que l'autre refuse de prendre la responsabilité de l'enfant qui veut naître.

J'ai mentionné plus tôt que le *contrôlant* ne fait pas confiance facilement. Par contre, il sera plus confiant s'il n'y a pas d'intérêt sexuel. Il est très séducteur mais tant que la blessure est importante, il préfère que ceux du sexe opposé soient des amis plutôt que des amoureux. Il se sent plus en confiance avec des amis. Il utilise souvent la séduction pour manipuler les autres et, en général, cela lui réussit très bien. Il est un spécialiste pour trouver toutes sortes de moyens de séduction. Le *contrôlant* sera, par exemple, le gendre préféré de sa belle-mère, car il l'aura séduite avec ses belles paroles. Par contre, il est sur ses gardes en présence d'un autre séducteur. Il le sait tout de suite lorsque quelqu'un d'autre essaie de le séduire et il n'embarque pas. Quand je parle de séduire, ce n'est pas nécessairement de la séduction au niveau sexuel; il peut utiliser celle-ci dans tous les domaines de sa vie.

La plus grande peur du *contrôlant* est la DISSOCIATION sous toutes ses formes. C'est le type de personne qui vit le plus difficilement une séparation de couple, une forme de dissociation. Pour le *contrôlant*, c'est une défaite sérieuse. Si la séparation vient de lui, il a peur de trahir l'autre et de se faire accuser de traître. Si ça vient de l'autre, il l'accusera de trahison. De plus, une séparation vient lui rappeler qu'il n'a pas eu le contrôle sur la relation. Par contre, il semble que ce soient les *contrôlants* qui vivent le plus souvent des séparations, des ruptures. S'ils ont peur de s'engager, c'est aussi parce qu'ils ont peur d'une séparation. Cette peur les porte à s'attirer des relations amoureuses où le partenaire n'est pas libre de s'engager.

C'est une bonne façon pour eux de ne pas voir que ce sont eux-mêmes qui ne veulent pas s'engager.

Quand deux *contrôlants* vivent ensemble et que la relation ne va pas bien, ils repoussent constamment le moment de s'avouer qu'il est mieux pour eux de se séparer. Quand ils se retrouvent en couple, ils sont tout l'un ou tout l'autre. Soit qu'ils se sentent en fusion comme faisant partie de l'autre, soit qu'ils se sentent dissociés, surtout lorsque leur partenaire ne les reconnaît pas à leur goût. Pour un *contrôlant*, être dissocié signifie se sentir déchiré ou à part de l'autre. Le mot *dissocié* est d'ailleurs souvent utilisé dans son langage. Il dira par exemple : « Je me sens dissocié de mon corps. » Une dame m'a un jour raconté qu'aussitôt qu'il y a une mésentente avec son mari, elle se sent coupée en deux, désespérée, par peur d'une séparation. Dans une telle situation, elle perd complètement confiance en elle. Cette dame souffre aussi de la blessure d'abandon, ce qui double sa peur de la séparation.

Selon mes observations, la blessure d'abandon se développe avant celle de la trahison chez la majorité des *contrôlants*. Ceux qui décident très jeunes de ne pas voir ou de ne pas accepter leur partie dépendante (leur blessure d'abandon) développent la force nécessaire pour cacher leur blessure d'abandon. C'est à ce moment qu'ils commencent à développer un masque de *contrôlant*. Si on regarde bien cette personne, on peut voir le masque du *dépendant* dans ses yeux (yeux tristes ou yeux tombants) ou la bouche tombante ou une ou quelques parties de son corps qui tombent ou qui manquent de tonus.

Il est facile d'imaginer le petit enfant qui, se sentant abandonné ou n'ayant pas assez d'attention, décide par tous les moyens possibles de séduire son parent du sexe opposé afin d'attirer son attention et surtout pour se sentir appuyé par lui. L'enfant se convainc qu'il est tellement gentil et adorable que le parent se doit de s'occuper de lui d'une manière spéciale. Plus il essaie de contrôler son parent par cette attitude, plus il a des attentes. Lorsque cela ne se produit pas, lorsque ses attentes ne sont pas respectées, c'est à ce moment qu'il vit de la trahison. Il devient donc de plus en plus *contrôlant*, il se met une carapace de force en croyant qu'ainsi il ne souffrira pas de trahison ou d'abandon possible. C'est la partie *contrôlante* qui encourage le *dépendant* à vouloir devenir indépendant.

Chez certaines personnes, la blessure d'abandon prédomine sur celle de la trahison alors que chez d'autres, le contraire se produit : le masque de *contrôlant* prédomine. L'homme qui développe de beaux muscles grâce à l'haltérophilie mentionné dans le chapitre sur la blessure d'abandon mais dont le corps redevient flasque lorsqu'il arrête de faire des exercices est un bon exemple d'une personne ayant une blessure de trahison et d'abandon.

Si tu te reconnais dans la description du masque de *contrôlant* mais pas dans celle du masque de *dépendant*, je te suggère tout de même de ne pas éliminer cette possibilité. Demeure ouvert à l'idée qu'il pourrait aussi y avoir une blessure d'abandon chez toi. La blessure la plus dominante dans le corps est celle que l'on utilise le plus souvent dans le quotidien.

Alors, selon mes observations depuis de nombreuses années, j'ai constaté qu'une personne peut souffrir d'abandon sans souffrir nécessairement de trahison mais que celle qui souffre de trahison souffre également d'abandon. De plus, j'ai observé que plusieurs personnes dont le corps indiquait surtout la blessure d'abandon étant jeunes, ont commencé avec l'âge à développer les caractéristiques de la blessure de trahison. L'inverse peut tout autant se produire. Le corps est toujours en transformation; il nous indique en tout temps ce qui se passe à l'intérieur de nous.

Si tu as remarqué, plusieurs points en commun existent entre les personnes qui ont peur d'être abandonnées et celles qui craignent d'être trahies. En plus des aspects énoncés plus haut, elles aiment toutes les deux attirer l'attention. Le *dépendant* le fait pour avoir de l'attention et pour qu'on s'occupe de lui tandis que le *contrôlant* agit ainsi pour avoir le contrôle d'une situation, pour exhiber sa force de caractère et pour impressionner. On voit souvent le type *dépendant* chez les acteurs et les chanteurs mais on retrouve plutôt le type *contrôlant* chez les comédiens, les humoristes, ceux qui aiment faire rire les autres. Les deux types de caractère aiment bien jouer à la vedette mais pour des raisons différentes. Le *contrôlant* a souvent la réputation d'être une personne qui *prend beaucoup de place*. En général, il n'aimera pas que son ou sa partenaire prenne plus d'espace que lui.

Une participante me racontait que tant que son mari et elle étaient associés en affaires, tout allait bien entre eux. Dès l'instant où elle décida de se mettre à son compte et qu'elle fit de meilleures affaires que lui, bien qu'elle travaille dans un domaine différent, la relation se détériora. C'était devenu une relation de compétition. Monsieur se sentait trahi et Madame s'accusait de l'avoir abandonné.

Une autre caractéristique du *contrôlant* est sa difficulté marquée à faire un choix lorsqu'il croit que ce choix risque de lui faire perdre quelque chose, car il n'aura plus le contrôle de la situation. Ceci explique pourquoi le *contrôlant* a parfois de la difficulté à se décider ou est accusé de trop réfléchir. Lorsqu'il est sûr de lui, surtout lorsqu'il contrôle la situation, il n'a aucun problème à se décider.

Cette difficulté à se séparer se manifeste également au travail. S'il gère sa propre entreprise, il peut aller jusqu'à se mettre dans une situation difficile, un sérieux endettement par exemple, avant de s'avouer qu'il ne peut plus continuer. En tant qu'employé, le *contrôlant* occupe souvent des postes de direction. C'est toujours difficile pour lui de laisser une compagnie. Il peut y arriver mais non sans difficulté. L'inverse est vrai aussi. Quand une personne de confiance travaillant pour lui désire le quitter, il vit cette situation difficilement, avec souvent de la colère et de l'agressivité.

Le *contrôlant*, ayant généralement une âme de chef, aime bien diriger d'autres personnes. Il a peur d'arrêter de contrôler, car il croit qu'en le faisant, il ne sera plus un chef. C'est tout à fait l'opposé. Lorsque le *contrôlant* arrête de contrôler et qu'il s'en tient à diriger seulement, il devient un bien meilleur chef. Il existe une différence entre contrôler et diriger. Contrôler, c'est conduire, administrer ou gouverner sous l'emprise de la peur. Diriger signifie la même chose mais sans la peur; c'est donner une direction sans nécessairement vouloir que ce soit fait à notre façon. On peut être un chef et continuer d'apprendre des choses de ses subordonnés.

Son âme de chef le fait souvent devenir chef d'une entreprise, mais ses attentes et le contrôle qu'il veut exercer lui font vivre beaucoup de stress. Autant le lâcher prise est difficile pour le *contrôlant*, autant il est urgent et nécessaire pour lui de le mettre en pratique.

Une autre grande peur du *contrôlant* est le RENIEMENT. Pour lui, être renié signifie être trahi. Par contre, il ne réalise pas le nombre de fois où il renie les autres en les éliminant de sa vie. Par exemple, il ne voudra pas donner une autre chance à quelqu'un en qui il a perdu confiance. Bien souvent, il ne voudra même plus lui parler. Lorsqu'il est en colère et surtout lorsque ça ne va pas selon ses attentes, il peut facilement tourner le dos à quelqu'un au milieu d'une discussion ou lui raccrocher au nez lors d'une conversation téléphonique. J'ai déjà mentionné qu'il a de la difficulté avec la lâcheté, le mensonge et l'hypocrisie. Il renie toute personne se comportant ainsi. Ce reniement se manifeste souvent suite à une séparation. Combien de fois ai-je entendu des personnes *contrôlantes* me dire : « *Je ne veux plus rien savoir de ...* » Elles ne réalisent pas qu'avec une telle attitude, elles renient les autres.

Comme le *contrôlant* est séducteur, sa vie sexuelle ne sera souvent satisfaisante que suite à une séduction. Ceci explique pourquoi le *contrôlant* aime beaucoup *tomber en amour,* la partie passion d'une relation. Lorsque la passion commence à s'éteindre de son côté, il trouve un moyen pour que l'idée de rompre la relation vienne de l'autre. Ainsi, il ne se fera pas accuser de trahison.

La femme *contrôlante* a souvent l'impression de se faire avoir par l'homme; elle est donc sur ses gardes. Elle aime faire l'amour surtout lorsque ça vient d'elle, lorsqu'elle a décidé de se laisser séduire ou qu'elle a elle-même envie de courtiser son partenaire. L'homme *contrôlant* aime aussi que ça vienne de lui. Lorsqu'un *contrôlant* (homme ou femme) désire faire l'amour et que l'autre refuse, il se sent trahi. Il ne peut pas comprendre que l'autre, qui pourtant l'aime, ne veuille pas fusionner avec lui en faisant l'amour. Les problèmes sexuels viennent surtout du fait qu'il y a eu une trop grande fusion avec le parent du sexe opposé et que le complexe d'Œdipe n'est pas résolu. Le parent du sexe opposé a été tellement idéalisé qu'aucun partenaire ne peut arriver à répondre aux attentes de cette personne. Malgré leurs problèmes sexuels, j'ai remarqué que ceux qui souffrent de trahison ont le plus envie d'avoir un amant. Ils ne réalisent pas à quel point ils alimentent leur blessure de trahison en ayant ce désir, qu'il soit en pensée ou en action.

Il y a donc souvent un blocage au niveau sexuel, car souviens-toi qu'au début de ce chapitre, j'ai mentionné que le type *contrôlant* a développé une bonne force sexuelle et avec les peurs qu'il a cultivées au fil des années, il peut bloquer une bonne partie de cette énergie. On peut voir que l'énergie est bloquée physiquement quand la région du pelvis est gonflée. Le *contrôlant* peut même aller jusqu'à renier sa vie sexuelle complètement en trouvant une bonne raison pour justifier sa décision.

Suite à ce qui est mentionné dans ce chapitre, il va de soi que la blessure de *trahison* affecte notre façon de communiquer. Les peurs du *contrôlant* qui l'empêchent de communiquer clairement et de faire ses demandes sont les suivantes : peur de ne pas pouvoir convaincre l'autre, de se faire mentir ou de passer pour un menteur, peur de la colère de l'autre ou de sa propre colère, de se confier, de montrer sa vulnérabilité ou de passer pour vulnérable, de se faire manipuler ou de se faire séduire, d'être obligé de s'engager. Si tu te vois dans ces peurs, voilà un bon moyen pour découvrir que tu n'es pas toi-même et que c'est ta blessure de *trahison* qui prend le dessus.

En ce qui concerne l'alimentation, le *contrôlant* est porté à manger rapidement, car il n'a pas de temps à perdre. Quand il est très absorbé par une tâche importante, il peut facilement oublier de se nourrir. Il dit même que manger n'est pas important pour lui. Par contre, lorsqu'il décide de s'alimenter, il mangera beaucoup et jouira de sa nourriture. Il peut même perdre le contrôle et manger beaucoup plus que ce dont son corps a besoin. Il est celui parmi les cinq types de caractère à épicer et saler ses aliments à son goût. Plusieurs *contrôlants* ajoutent du sel avant même de goûter aux aliments. Ils s'assurent d'avoir le dernier mot au sujet de leur alimentation, comme ils font durant une conversation, *ils ajoutent leur grain de sel*.

Au niveau des maladies que l'on remarque couramment chez le *contrôlant*, en voici quelques-unes :

⊙ L'agoraphobie est due à sa partie fusionnelle tout comme chez le *dépendant*. Par contre, l'agoraphobie vécue par le *contrôlant* est plus marquée par la peur de la folie tandis que celui avec un masque de *dépendant* a plutôt peur de la mort. Je tiens à souligner que l'agoraphobie est souvent diagnostiquée par les médecins comme de la spasmophilie (pour la définition de l'agoraphobie, se référer à la page 67).

⊙ Le *contrôlant* s'attire des raideurs, comme tous les problèmes reliés aux ARTICULATIONS du corps, principalement les GENOUX.

⊙ Il est le plus enclin aux maladies de perte de contrôle de certaines parties du corps comme les HÉMORRAGIES, l'IMPUISSANCE SEXUELLE, la DIARRHÉE, etc.

◉ S'il se voit en situation d'impuissance totale, il peut être affligé de PARALYSIE.

◉ Il a fréquemment des problèmes au niveau du SYSTÈME DIGESTIF, surtout au FOIE et à l'ESTOMAC.

◉ Il est également plus sujet que d'autres aux maladies finissant en « ITE ». Je te réfère au livre ***Ton corps dit :*** ***« Aime-toi!*** » qui explique en détail que ces maladies sont surtout vécues par les personnes qui, à cause de leurs nombreuses attentes, sont portées à l'impatience, la colère et la frustration.

◉ Il arrive fréquemment qu'un *contrôlant* souffre de FEUX SAUVAGES ou d'HERPÈS BUCCAL, affection qui se manifeste quand il accuse, consciemment ou non, le sexe opposé d'être *dégueulasse*. C'est aussi un moyen de contrôle pour ne pas avoir à embrasser l'autre.

Les malaises et maladies précités peuvent se manifester chez des personnes avec d'autres blessures mais ils semblent beaucoup plus courants chez celles souffrant de trahison.

Il est important de réaliser que ton parent du sexe opposé, avec qui tu vis cette blessure, a vécu et vit probablement encore cette même blessure avec son propre parent du sexe opposé. Rien ne t'empêche d'aller vérifier avec lui. Faire parler nos parents sur ce qu'ils ont vécu avec leurs parents lorsqu'ils étaient jeunes s'avère très souvent une expérience des plus enrichissantes.

Souviens-toi que la principale cause d'une blessure vient de notre incapacité à nous pardonner ce que nous nous faisons à nous-même ou ce que nous avons fait subir aux autres. Il nous est difficile de nous pardonner, car, en général, nous ne voyons même pas que nous nous en voulons. Plus la blessure de trahison est importante, plus cela signifie que tu trahis les autres ou que tu te trahis toi-même en ne te faisant pas confiance ou en ne tenant pas tes promesses envers toi-même. **Nous reprochons aux autres tout ce que nous faisons nous-même et ne voulons pas voir.** C'est la raison pour laquelle nous nous attirons des personnes qui nous montrent ce que nous faisons aux autres ou à nous-même.

Un autre moyen pour devenir conscient que nous nous trahissons ou trahissons une autre personne est la honte. En effet, nous vivons un sentiment de honte lorsque nous voulons nous cacher ou camoufler un comportement. Il est normal de trouver honteux d'avoir une conduite que nous reprochons aux autres. Nous ne voulons surtout pas qu'ils découvrent que nous agissons comme eux.

Je te rappelle que les caractéristiques et comportements décrits dans ce chapitre sont présents seulement lorsqu'une personne décide de porter son masque de contrôlant, croyant ainsi éviter de vivre de la trahison. Selon la gravité de la blessure et l'intensité de la douleur, ce masque peut est porté très peu ou très souvent.

Les comportements propres au contrôlant sont dictés par la peur de revivre la blessure de trahison. Toutes les blessures décrites dans ce livre ont chacune leurs comportements et attitudes intérieures respectives. Ces façons de penser, de sentir, de parler et d'agir reliées à chaque blessure indiquent donc une réaction à ce qui se passe dans la vie. Une personne en réaction n'est pas centrée, ni dans son cœur et ne peut pas être bien ou heureuse. Voilà pourquoi il est si utile d'être conscient des moments où tu es toi-même ou en réaction. Ce faisant, il devient possible pour toi de devenir maître de ta vie au lieu de te laisser diriger par tes peurs.

Ce chapitre a pour but de t'aider à devenir conscient de la blessure de trahison. Si tu te vois dans la description de cette blessure, le dernier chapitre contient toutes les informations dont tu auras besoin pour guérir cette blessure et redevenir toi-même, sans croire que la vie est remplie de trahison. Si tu ne te vois pas dans celle-ci, je te suggère de vérifier auprès de ceux qui te connaissent bien s'ils sont d'accord avec toi. J'ai déjà mentionné qu'il est possible d'avoir seulement une petite blessure de trahison; dans ce cas, tu ne posséderais que certaines des caractéristiques. Par contre, il est probable que tu t'identifies dans certains comportements et non dans tout ce que j'ai décrit. Il est presque impossible pour une personne de se reconnaître dans toutes les manières de se comporter mentionnées. Je te rappelle qu'il est important de te fier d'abord à la description physique, car le corps physique ne ment jamais, contrairement à nous qui pouvons nous faire accroire facilement.

Si tu reconnais cette blessure chez quelques personnes dans ton entourage, tu ne dois pas essayer de les changer. Utilise plutôt ce que tu apprends dans ce livre pour développer plus de compassion pour eux, pour mieux comprendre leurs comportements réactifs. Il est préférable qu'ils lisent eux-mêmes ce livre s'ils montrent un intérêt en ce sens plutôt que de tenter de leur expliquer le contenu dans tes mots.

Caractéristiques de la blessure de TRAHISON

Éveil de la blessure : Entre deux et quatre ans avec le **parent du sexe opposé**. Bris de confiance ou attentes non répondues dans la connexion amour/sexuel. Manipulation.

Masque : Contrôlant

Corps : Exhibe force et pouvoir. Chez l'homme, épaules plus larges que les hanches. Chez la femme, les hanches plus larges et fortes que les épaules. Poitrine bombée. Ventre bombé.

Yeux : Regard intense et séducteur. Yeux qui voient tout rapidement.

Vocabulaire : « dissocié », « as-tu compris question? », « je suis capable », « laisse-moi faire seul », « je le savais », « fais-moi confiance », « je ne lui fais pas confiance ».

Caractère : Se croit très responsable et fort. Cherche à être spécial et important. Ne tient pas ses engagements et ses promesses ou se force pour les tenir. Ment facilement. Manipulateur. Séducteur. A beaucoup d'attentes. D'humeur inégale. Convaincu d'avoir raison et essaie de convaincre l'autre. Impatient. Intolérant. Comprend et agit rapidement. Performant pour être remarqué. Comédien. Se confie difficilement. Ne montre pas sa vulnérabilité. Sceptique. Peur du désengagement.

Plus grande peur : la dissociation ; la séparation ; le reniement.

Alimentation : Bon appétit. Mange rapidement. Ajoute sel et épices. Peut se contrôler lorsqu'il est occupé mais perd le contrôle par la suite.

Maladies possibles : Maladies de contrôle et de perte de contrôle • agoraphobie • spasmophilie • système digestif • maladies finissant en " ite " • herpès buccal.

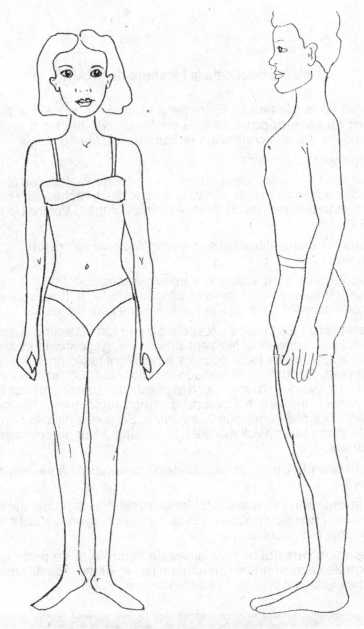

PHYSIQUE DU RIGIDE
(Blessure d'injustice)

CHAPITRE 6
L'INJUSTICE

L'injustice, c'est le caractère d'une personne ou d'une chose qui manque de justice. La justice se définit comme l'appréciation, la reconnaissance et le respect des droits et du mérite de chacun. Comme synonymes du mot justice, on retrouve : droiture, équité, impartialité, intégrité. Une personne qui souffre d'injustice est donc celle qui ne se sent pas appréciée à sa juste valeur, qui ne se sent pas respectée ou qui ne croit pas recevoir ce qu'elle mérite. Une personne peut aussi souffrir d'injustice lorsqu'elle reçoit plus que ce qu'elle croit mériter. Donc, la blessure d'injustice peut être causée en pensant que nous avons plus de choses matérielles que d'autres ou, au contraire, que nous n'en recevons pas assez.

Cette blessure s'éveille au moment du développement de l'individualité de l'enfant, c'est-à-dire entre l'âge de quatre et six ans environ, au moment où il devient conscient qu'il est un humain, une entité à part entière avec ses différences.

L'enfant trouve injuste de ne pas pouvoir bien intégrer son individualité, de ne pas pouvoir s'exprimer et être lui-même. **Il vit cette blessure surtout avec le parent du même sexe.** Il souffre de la froideur de ce parent, c'est-à-dire de son incapacité de sentir et de s'exprimer. Je ne dis pas que tous les parents de ceux qui souffrent d'injustice sont froids, mais ils sont perçus ainsi par l'enfant. Il souffre également de son autoritarisme, de ses fréquentes critiques, de sa sévérité, de son intolérance ou de son conformisme. Dans la majorité des cas, ce parent souffre de la même blessure. Elle n'est peut-être pas vécue de la même façon ou dans les mêmes circonstances, mais elle est là et l'enfant la ressent.

Des personnes *rigides* m'ont à plusieurs reprises partagé que tout allait bien avec leur parent du même sexe à l'adolescence et qu'elles étaient même amies avec lui. Par contre, c'était une relation superficielle, où ni le parent ni l'enfant ne parlaient de ce qu'ils ressentaient.

L'âme qui décide de revenir sur Terre pour guérir la blessure d'injustice se choisit des parents qui l'aideront à reprendre contact avec cette blessure. Un des parents, voire souvent les deux, peuvent souffrir de la même blessure. La réaction face à l'injustice consiste à se couper de ce qui est ressenti, croyant ainsi s'épargner. Le masque créé par l'enfant pour se protéger dans ce cas est celui de la *RIGIDITÉ*. Même si une personne se coupe de ce qu'elle ressent, cela ne veut pas dire qu'elle ne sent rien. Au contraire, les personnes *rigides* sont très sensibles mais elles développent la capacité de ne pas sentir cette sensibilité et de ne pas la montrer aux autres. Elles se font accroire que rien ne les touche. Voilà pourquoi ces personnes semblent être froides et insensibles.

Ce sont les *rigides*, parmi les cinq caractères, qui sont le plus portés à se croiser les bras. Ils bloquent ainsi la région du plexus solaire pour ne pas sentir. Une autre façon de ne pas sentir est de s'habiller en noir. J'ai mentionné plus tôt que le *fuyant* aime aussi s'habiller en noir mais pour une raison différente, celle de vouloir disparaître. Les personnes ayant les deux blessures de rejet et d'injustice n'ont, en général, que des vêtements noirs ou très foncés à porter.

Le *rigide* cherche la justice et la justesse à tout prix. C'est en devenant perfectionniste qu'il essayera d'être toujours juste. Il croit que si ce qu'il fait ou dit est parfait, ce sera nécessairement juste. Il est très difficile pour lui de comprendre qu'en agissant parfaitement selon ses propres critères, il puisse être injuste en même temps.

Celui qui souffre d'injustice est plus enclin à ressentir de l'envie envers ceux qui en ont plus et qui, selon lui, ne le méritent pas. Il peut aussi être convaincu que les autres sont envieux de lui lorsqu'il en a plus. La jalousie, différente de l'envie, est plus vécue par le *dépendant* ou le *contrôlant*. Le *dépendant* est jaloux parce qu'il a peur d'être abandonné alors que le *contrôlant* l'est par peur d'être trahi.

Le masque du *rigide* se distingue par un corps droit, rigide et le plus parfait possible. Le corps est bien proportionné, avec des épaules droites et de la même largeur que les hanches. Le *rigide* peut aussi prendre du poids dans sa vie mais son corps continuera à être bien proportionné. La raison de sa prise de poids est expliquée dans le chapitre précédent.

Je dois avouer que c'est le *rigide* qui a le plus peur de prendre du poids. Il fera tout pour ne pas grossir. C'est aussi lui qui n'accepte pas d'avoir pris du ventre. Quand il est debout, il est porté à entrer son ventre. La femme *rigide* a intérêt à accepter qu'une femme sans ventre, ce n'est pas naturel. Le corps de la femme doit avoir des rondeurs. Sinon, ce n'est pas féminin.

Les hommes comme les femmes ont souvent des belles fesses rondes. Les femmes ont une petite taille. Les *rigides* aiment bien les vêtements serrés à la taille ou porter une ceinture qui serre la taille. Ce genre de personne croit qu'en se serrant bien la taille, qui se trouve dans la région du plexus solaire (la région des émotions), elle sentira moins.

Ce sont des personnes vivantes, avec des mouvements dynamiques. Par contre, ces gestes sont rigides, sans grande flexibilité et démontrent une fermeture, comme lorsqu'une personne *rigide* a de la difficulté à décoller ses bras de son corps par exemple. Elles ont la peau claire et le regard brillant, vivant. Leur mâchoire est plutôt serrée et le cou raide, droit de fierté; on voit même souvent les nerfs du cou qui ressortent.

Si tu reconnais chez toi toutes les caractéristiques physiques décrites plus haut, c'est signe que tu souffres d'une grosse blessure d'injustice. Si tu as seulement quelques-unes des particularités, ta blessure d'injustice est moins grande.

Déjà très jeune, le *rigide* s'aperçoit qu'on l'apprécie davantage pour ce qu'il fait que pour ce qu'il est. Même si ce n'est pas toujours la réalité, il en est convaincu. Voilà pourquoi il devient très performant et commence à se débrouiller tout seul rapidement. Il fait tout pour ne pas avoir de problèmes, même lorsqu'il est en plein dedans, il préfère dire qu'il n'en a pas pour éviter de sentir la souffrance qui y est reliée. Il est très optimiste, souvent trop. Il croit qu'en disant souvent « pas de problème! », les situations difficiles se régleront plus vite. D'ailleurs, il fait tout pour les résoudre lui-même. Il ne demande de l'aide qu'en tout dernier ressort.

Lorsqu'il lui arrive des déceptions ou des événements imprévus, il continue à dire : « Pas de problème! » Il arrive à bien se cacher ainsi qu'aux autres ce qu'il ressent et donne une apparence imperturbable.

Le *rigide*, comme le *contrôlant*, a souvent un problème de manque de temps, mais pour des raisons différentes. Le *rigide* n'en a pas assez parce qu'il veut trop que tout soit parfait, tandis que le *contrôlant* en manque puisqu'il est trop occupé à se mêler des affaires des autres. Le *rigide* n'aime pas non plus être en retard mais il le sera souvent parce qu'il prend beaucoup de temps à se préparer.

Lorsque le *rigide* est convaincu d'avoir raison face à l'autorité ou face à quelqu'un qui se croit être une autorité en la matière, il se justifiera jusqu'à ce qu'on lui donne raison. Il craint l'autorité, car il a appris étant jeune qu'elle avait toujours raison. Lorsque les autres semblent douter de lui et posent beaucoup de questions concernant une situation, alors qu'il sait avoir été honnête et juste, il vit cela comme une inquisition et ressent de l'injustice.

Comme il recherche toujours la justice, il veut s'assurer qu'il est digne de ce qu'il reçoit. Le mérite est important pour le *rigide* et signifie obtenir une récompense suite à une bonne performance. S'il reçoit beaucoup sans avoir trop travaillé, il ne croit pas le mériter et s'arrange pour perdre ce qu'il a reçu. Ceux qui sont extrêmement *rigides* s'organisent même pour ne rien recevoir, car, selon eux, ils doivent être extraordinaires pour mériter une récompense.

Dans ses explications, le *rigide* veut que tous les détails soient justes mais les expressions qu'il utilise sont loin d'être toujours aussi justes, car il exagère facilement. Il utilise régulièrement les mots *toujours*, *jamais* et *très*. Par exemple, une dame *rigide* dit à son mari : « *Tu n'es JAMAIS là, tu es TOUJOURS parti!* » Elle ne réalise pas qu'en s'exprimant ainsi, elle est injuste puisqu'il est très rare qu'une situation se reproduise *toujours* ou *jamais*. Pour le *rigide*, tout est souvent *très bon, très bien, très spécial*, etc. Cependant, il n'aime pas que les autres utilisent ces mots. Lorsqu'ils le font, il les accuse d'exagérer et de ne pas utiliser le mot juste.

La religion a plus de chance d'avoir un impact ou de l'influence sur le *rigide* que sur ceux qui souffrent des autres blessures. Le bien et le mal, le correct et le pas correct sont très importants pour lui. C'est d'ailleurs ce qui mène sa vie. On peut le remarquer également dans son langage. Il commence souvent ses phrases par *bien* ou *bon* pour s'assurer que ce qu'il va dire sera bien et juste. Il les termine par *d'accord?* pour vérifier la justesse de ce qu'il vient de dire. Il utilise plusieurs adverbes qui finissent en *ment* comme *justement, exactement, sûrement, probablement*, etc. Il dira aussi ; *« Ce n'est pas clair. »* Il aime les explications claires et précises.

Lorsque le *rigide* est ému, il ne veut pas le montrer mais on peut le reconnaître à son ton de voix qui devient sec et raide. Il peut utiliser le rire pour cacher sa sensibilité et ses émotions. Il peut facilement rire pour rien, pour quelque chose que les autres ne trouvent pas drôle.

Lorsqu'on demande à un *rigide* comment il va, il répond systématiquement : *« Super bien! »* Il répond très vite, car il ne prend pas le temps de sentir. Par la suite, durant la conversation, il parlera de plusieurs événements dans sa vie qui ne vont pas si bien que ça. Quand on lui dit : *« Je croyais que tu m'avais dit que ça allait super bien? »*, il répondra que ce ne sont pas de véritables problèmes.

La peur de se tromper est très forte chez le *rigide*. Lors de mes ateliers, seules les personnes *rigides* me demandent :

« Est-ce que j'ai fait l'exercice de la bonne façon? » Plutôt que de vérifier ce qu'elles ressentent et ce qu'elles peuvent apprendre sur elles en faisant cet exercice, elles s'intéressent davantage à savoir si elles l'ont bien fait. J'ai aussi remarqué que lorsque je parle d'un comportement ou d'une attitude que le *rigide* voit chez lui comme un nouveau défaut, c'est-à-dire qu'il ne se considère comme pas correct d'avoir ce comportement, il m'interrompt avant même que j'aie terminé pour me demander : *« Que fait-on maintenant avec cela? »* Il veut avoir des trucs pour devenir parfait le plus vite possible. S'il ne l'est pas, il devra se contrôler pour ne pas laisser paraître le défaut qu'il vient de découvrir. Il ne réalise pas, encore une fois, qu'il est injuste envers lui-même, car il s'en demande beaucoup trop. Il voudrait tout régler tout de suite. Il ne prend pas le temps de bien sentir la situation, de se donner le droit d'être humain et d'avoir encore des blessures non guéries.

J'ai remarqué chez la personne avec le masque de *rigide* une tendance à rougir facilement lorsqu'elle me raconte quelque chose et qu'elle se juge comme n'étant *pas correcte*. Cela peut se produire, par exemple, lorsqu'elle me confie sa difficulté à pardonner à quelqu'un qui lui a fait du mal ou lorsqu'elle parle en mal de quelqu'un parce qu'elle n'en peut plus et qu'elle juge son attitude d'injuste. Cette réaction indique tout de suite que cette personne a honte d'elle-même, de ce qu'elle fait ou ne fait pas. Par contre, elle ne sait pas que c'est pour cette raison qu'elle rougit et parfois, elle ne s'aperçoit même pas qu'elle rougit. Ce sont d'ailleurs les personnes *rigides* et *fuyantes* qui ont le plus de problèmes de peau.

C'est cette peur de se tromper qui fait qu'une personne *rigide* se place souvent dans des situations où elle a des choix à faire. **Plus l'humain a peur et plus il s'attire des situations corres-**

pondant à cette peur. Par exemple, la personne aura à faire un choix parce qu'elle désire s'acheter quelque chose et elle manque d'argent. Elle se demande si elle devrait se permettre cet achat. Elle doit donc décider entre faire l'achat ou non. Il arrive fréquemment qu'une personne *rigide* se fasse plaisir en choisissant une certaine option, et avoir ensuite l'impression d'avoir manqué autre chose. Prenons l'exemple de Monsieur qui choisit de se payer de belles vacances. Plus tard, il se dit qu'il aurait dû choisir de prendre cet argent pour faire des rénovations à sa maison. À cause de sa peur de prendre la mauvaise décision, le *rigide* doute souvent de lui-même après avoir arrêté son choix. Il se demande constamment si ses choix sont les meilleurs pour lui, les plus justes.

Si tu veux que quelque chose soit séparé également entre plusieurs personnes, comme un gâteau, une bouteille de vin, l'addition au restaurant, etc., tu peux être assuré que c'est le *rigide* qui s'acquitte le mieux de cette tâche. Lors de différents repas de groupes pris au restaurant, j'ai du plaisir à observer ce qui se passe lorsque l'addition arrive. Le *contrôlant* prend la situation en mains en disant : « *Que pensez-vous de séparer cette addition à part égale? Ce sera beaucoup plus rapide et moins compliqué.* » Il s'exprime avec tellement de force et de contrôle que les autres acquiescent poliment. Il calcule rapidement en divisant le montant par le nombre de personnes et leur annonce le montant à payer. C'est à ce moment que les *rigides* réagissent. Ils ne sont pas heureux. Celui qui doit payer plus que ce qu'il a mangé trouve cela injuste et celui qui a commandé des plats plus coûteux considère comme injuste que les autres aient à payer plus quand c'est lui qui en a profité. Dans ce genre de situation, il faut, la plupart du temps, recommencer le calcul.

Les personnes *rigides* sont très exigeantes avec elles-mêmes dans la plupart des domaines de leur vie. Elles ont une grande capacité à se contrôler, à s'imposer des tâches. Nous avons vu dans le chapitre précédent que le *contrôlant* aime bien contrôler ce qui se passe autour de lui. Le *rigide*, quant à lui, recherche tellement la perfection qu'il est plutôt porté à se contrôler lui-même. Il devient performant et s'en demande tellement que les autres lui en exigent aussi beaucoup. Combien de fois ai-je entendu des femmes *rigides* dire à leur entourage : « *Arrêtez de me prendre pour la femme bionique qui peut tout!* » En réalité, ces femmes se parlent à elles-mêmes. Les autres sont là pour lui refléter à quel point elles s'en demandent.

Un participant a raconté un jour que son père lui répétait sans cesse : « *Tu n'as aucun droit, seulement des devoirs.* » Cette phrase est demeurée ancrée en lui depuis son jeune âge et il admet avoir beaucoup de difficulté à se laisser aller. Il ne se permet pas d'arrêter, de s'amuser, de se reposer. Il se croit obligé de toujours être dans l'action. Ainsi, il fait son devoir. Comme il y a toujours quelque chose à faire dans le quotidien, cela signifie que le *rigide* se permet rarement de se détendre sans se sentir coupable. Il se justifie lorsqu'il se repose ou qu'il s'amuse en disant par exemple qu'il le mérite bien après tout ce qu'il a fait. De plus, le *rigide* se sent particulièrement coupable s'il ne fait rien pendant que quelqu'un d'autre travaille. Il trouve cela injuste.

C'est pourquoi son corps, particulièrement ses jambes et ses bras, sont tendus même au repos. Il doit faire un effort pour amollir ses jambes, les laisser se détendre. Pour ma part, ce n'est que depuis quelques années que je me suis rendue compte de cela. Je suis assise chez le coiffeur ou en train de lire et tout à coup je sens mes jambes raides. Je dois consciemment permettre à mes jambes, mes épaules ou à mes bras de se détendre. Auparavant, je n'étais même pas consciente de cette raideur.

Le *rigide* a aussi de la difficulté à non seulement respecter ses limites mais surtout à les connaître. Comme il ne prend pas le temps de sentir si ce qu'il fait répond ou non à un besoin, il en fait souvent trop et s'arrête seulement lorsqu'il craque. Il a d'ailleurs de la difficulté à demander de l'aide. Il préfère tout faire seul pour que ce soit parfait. C'est pour cette raison que le rigide représente celui qui est le plus enclin à souffrir de *burn-out* ou d'épuisement professionnel.

Tu peux constater que la plus grande injustice que le *rigide* vit est envers lui-même. Il s'accuse facilement; par exemple, s'il s'achète quelque chose qu'il juge ne pas avoir vraiment besoin et si, à ce moment-là, ceux qu'il aime se privent du nécessaire, pour arriver à se le permettre, il devra justifier cet achat à ses propres yeux en se disant qu'il le mérite. Sinon, il s'accuse d'être injuste.

La blessure d'injustice est une autre des blessures que j'ai à m'occuper dans cette vie. Il m'est arrivé à plusieurs reprises de perdre ou de briser quelque chose de nouveau dès le premier usage lorsque je croyais ne pas en avoir vraiment besoin. C'est ainsi que j'ai su que je me sentais coupable, car, consciemment, je croyais bien avoir fait mon processus d'acceptation et ne pas me sentir coupable.

J'ai appris que **ce n'est pas parce qu'on se parle mentalement et qu'on essaie de se convaincre qu'on mérite quelque chose que l'acceptation est vraiment faite.** Dans un tel cas, il manque la capacité de sentir qu'on le mérite. On peut savoir mentalement qu'on le mérite mais on doit le sentir en plus pour arriver à se donner le droit et trouver notre achat juste. Plusieurs m'ont entendu dire que la plus belle récompense que je puisse me faire est d'aller magasiner et de m'acheter quelque chose de beau et, surtout, dont je n'ai pas besoin. Aujourd'hui je sais que si j'ai ce besoin, c'est pour m'aider à arrêter de croire au mérite et pour m'aider à arriver à me permettre ce qui me fait me sentir bien, sans culpabilité.

J'ai souvent constaté que les participants du type *rigide* dans mes ateliers aiment s'assurer que leur entourage sache qu'ils viennent prendre un cours et que ce ne sont pas des vacances mais bien du travail sur eux qu'ils vont faire. Ceux qui viennent de loin et qui doivent prendre une chambre d'hôtel s'organisent pour que ce soit le moins cher possible. Certains cachent même à leurs proches qu'ils seront à l'hôtel par peur de se faire traiter d'injuste. Lorsqu'il cherche à dissimuler ce qu'il fait ou ce qu'il s'achète, le *rigide* vit non seulement de la culpabilité mais aussi de la honte.

Le *rigide* aime que ceux qui l'entourent soient au courant de tout ce qu'il a fait et de tout ce qu'il a à faire. Le *contrôlant* agit aussi de cette façon mais pas pour la même raison. Ce dernier veut montrer qu'il est responsable alors que le *rigide* le fait pour montrer qu'il mérite une récompense. Ainsi, lorsqu'il se paie du luxe ou des congés, il ne se sent pas coupable. Il espère aussi que les autres trouveront justifié qu'il se récompense. Comme tu peux voir, la notion de mérite est très importante pour le *rigide*. Il n'aime pas se faire dire qu'il est chanceux, car, pour lui, *être chanceux* n'est pas juste. Il veut mériter tout ce qui lui arrive. Si quelqu'un lui dit qu'il est chanceux, il dira : « *Ce n'est pas vraiment de la chance, car j'ai beaucoup travaillé pour en arriver là.* » S'il juge qu'il a été véritablement chanceux et qu'il n'a pas mérité ce qui lui arrive, il se sentira très mal à l'aise et redevable envers quelqu'un. Il s'arrangera pour ne pas tout garder pour lui.

Une caractéristique du *rigide* qui est difficile à admettre par les personnes qui n'ont pas la blessure d'injustice est le fait qu'il trouve souvent plus injuste d'être favorisé que défavorisé par rapport aux autres. Dans un tel cas, certains *rigides* s'arrangent inconsciemment pour perdre ou faire arrêter ce qui leur arrive. D'autres trouvent une raison de se plaindre afin de cacher à leur entourage qu'ils en ont plus. D'autres se croient obligés de donner en retour. Étant moi-même du type *rigide*, je peux confirmer cela, car depuis toute petite, j'ai toujours eu beaucoup de talents et de facilité dans de nombreux domaines. Je fus à plusieurs reprises le *chouchou* de mes professeurs. J'ai commencé dès lors à en faire beaucoup pour aider les autres pour que tout soit juste, car je trouvais injuste d'en avoir plus que les autres. D'ailleurs, c'est souvent la raison pour laquelle une personne *rigide* sera portée à aider les autres.

Il n'est donc pas surprenant d'apprendre qu'elle ait aussi de la difficulté à recevoir des cadeaux, car elle se sent redevable. Plutôt que de se sentir obligée de donner à l'autre quelque chose de la même valeur (pour être juste), elle préfère ne rien recevoir et elle refuse. Lorsque quelqu'un lui offre de lui payer un repas par exemple, elle préfère refuser plutôt que d'avoir à se souvenir que la prochaine fois, ce sera à son tour de payer. Si elle l'accepte, elle le fera en se promettant de bien rendre la pareille.

Il est normal que la personne qui souffre d'injustice soit le genre à s'attirer le plus souvent des situations injustes, selon elle. En effet, une situation qu'elle qualifie d'injuste est interprétée différemment par une personne qui ne souffre pas de cette blessure. En voici un exemple : je parlais il y a quelque temps à une dame qui a beaucoup souffert d'être l'aînée de sa famille ; elle a toujours trouvé injuste d'avoir à aider sa mère en s'occupant des autres enfants et surtout d'avoir à être un exemple pour eux. Par contre, d'autres femmes m'ont dit avoir trouvé injuste d'être la deuxième ou troisième enfant parce qu'elles avaient rarement des vêtements neufs, étant obligées de porter ceux de l'aînée.

Combien de fois ai-je entendu des femmes et des hommes me raconter à quel point ils trouvaient injuste d'avoir à s'occuper de leur parent âgé et malade! Le plus injuste pour eux était le fait que leurs frères ou sœurs trouvaient plein de bonnes excuses pour ne pas le faire, ce qui les obligeait donc à agir ainsi. Ce genre de situation n'est pas le fruit du hasard. Ce n'est pas à cause de ces situations qu'ils souffrent. C'est plutôt le contraire : **leur blessure d'injustice attire ce genre de situation qui cessera lorsque leur blessure sera guérie.**

J'ai mentionné plus tôt la capacité du *rigide* à se contrôler, à se créer des obligations. Voilà pourquoi c'est la partie *rigide* d'une personne qui arrive à suivre un régime. Une personne qui ne souffre pas du tout de la blessure d'injustice, donc non *rigide*, n'y arrive pas, car elle ne peut se contrôler comme un *rigide* arrive à le faire. Le *rigide* ne comprend pas pourquoi un *masochiste* ne suit pas un régime. Il ne l'accepte pas. Il croit que les autres pourraient arriver à se contrôler comme lui s'ils le voulaient vraiment. La motivation du *rigide* en se créant des obligations est d'atteindre la perfection pour lui-même, selon son idéal de perfection.

La personne non *rigide* s'accusera de manquer de volonté mais il est important de faire la distinction entre *avoir de la vo-*

lonté et *se contrôler*. La personne qui se contrôle est celle qui s'impose quelque chose sans que cela réponde nécessairement à un besoin. Derrière le contrôle, se cache nécessairement une peur. La personne qui a de la volonté sait ce qu'elle veut et est déterminée à l'obtenir. Elle arrive à ses fins en se structurant, en ne lâchant pas de vue son objectif tout en respectant ses besoins et ses limites. Quand un événement vient contrecarrer ses plans, elle peut être flexible et elle est capable de refaire ses plans pour arriver à ses fins. La personne *rigide*, quant à elle, ne vérifie même pas si ce qu'elle désire répond véritablement à un de ses besoins. Elle ne prend pas le temps de s'intérioriser et de se demander : « *Comment est-ce que je me sens avec ce désir et avec la façon que j'ai choisie pour y arriver?* »

Le *rigide* peut parfois sembler contrôlant, mais quand il intervient auprès des autres, ce n'est pas pour contrôler et attirer l'attention ou se montrer fort comme le fait le *contrôlant*; il intervient seulement si ce qui vient d'être dit est injuste envers quelqu'un ou ne lui semble pas correct. Le *rigide* rectifie ce qui vient d'être dit, tandis que le *contrôlant* ajoute à ce qui vient d'être dit. Le *rigide* peut reprendre une personne s'il croit sincèrement qu'avec ses capacités ou ses talents, cette personne aurait pu mieux accomplir une tâche. Le *contrôlant,* lui, reprend l'autre si la tâche n'est pas accomplie à sa façon, selon ses goûts ou ses attentes.

Une autre différence existe entre la façon de contrôler du *rigide* et celle du *contrôlant* : la personne *rigide* se contrôle pour ne pas perdre le contrôle, car elle croit qu'en le perdant, elle sera injuste envers l'autre. La personne *contrôlante*, quant à elle, se contrôle pour mieux contrôler une situation ou une autre personne et être la plus forte.

La personne *rigide* aime que tout soit bien rangé. Elle n'aime pas avoir à chercher quelque chose. Certaines peuvent aller jusqu'à l'obsession dans leur besoin que tout soit rangé d'une façon parfaite.

Le *rigide* a aussi une grande difficulté à faire la différence entre la rigidité et la discipline. Voici ma définition préférée de la rigidité : une personne *rigide* oublie son besoin de départ pour s'accrocher plutôt au moyen pour arriver à combler ce besoin. Une personne disciplinée trouve un moyen pour arriver à son besoin mais ne perdra pas de vue ce besoin. Prenons l'exemple d'une personne qui décide de marcher une heure par jour pour être en meilleure santé et en meilleure forme physique. Le moyen est donc la marche. Elle s'imposera de marcher tous les jours, beau temps, mauvais temps, qu'elle en ait envie ou non. Si. un jour. elle ne le fait pas, elle s'en voudra. La personne disciplinée, quant à elle, n'oublie pas pourquoi elle marche tous les jours. Certains jours, elle décidera de ne pas marcher en sachant que c'est mieux pour sa santé ainsi. Se forcer lui nuirait plus qu'autre chose. Elle ne s'en sentira pas coupable et reprendra sa marche le lendemain, l'esprit tranquille. La personne disciplinée n'abandonne pas un projet parce qu'elle a manqué une journée ou parce qu'il y a un changement dans sa planification.

Le *rigide* vit souvent du stress, car il s'impose la perfection dans tout. Le contrôlant en vit aussi beaucoup mais pour une raison différente : il veut réussir. Il veut éviter l'échec à tout prix par peur de l'image qu'il offrirait aux autres et par peur d'affecter sa réputation.

La personne avec un masque de *rigide* est rarement malade. De toute façon, même si elle avait mal quelque part, elle com-

mencerait à le sentir seulement lorsque sa condition s'aggrave-
rait. Elle est très dure avec son corps. C'est le genre de
personne à ne pas sentir lorsque son corps a besoin d'éliminer,
que ce soit des selles ou de l'urine. C'est celle qui arrive à se
contrôler le plus longtemps. Lorsqu'elle le sent, c'est que son
corps ne peut plus se retenir. Elle peut se cogner, se frapper et
se faire un bon bleu sans ressentir de douleur. Si elle sent un
peu de souffrance au moment où elle se frappe, son mécanisme
de contrôle s'enclenche immédiatement, ce qui lui donne une
énorme faculté à occulter la douleur. Tu remarqueras que dans
les films où quelqu'un se fait torturer ou dans les films d'es-
pionnage, les acteurs choisis ont toujours les caractéristiques
physiques du *rigide*. On peut facilement reconnaître un policier par son corps de *rigide*. Ces personnes peuvent aussi avoir
une autre blessure mais c'est leur partie *rigide* qui les fait choisir un métier où ils croient apporter la justice sur cette Terre.
Toutefois, lorsqu'un policier ou un espion semble prendre
plaisir à montrer son pouvoir et sa force, c'est son masque de
contrôlant qui lui a fait choisir ce métier.

J'ai souvent remarqué que les personnes *rigides* se vantent et
se font une gloire de n'avoir *jamais* besoin de médicaments ou
d'un médecin. Plusieurs d'entre elles n'ont même pas de médecin traitant et s'il leur arrivait une urgence, elles ne sauraient
pas à qui s'adresser. Quand elles se décident à demander de
l'aide, on peut en conclure qu'elles doivent souffrir depuis
longtemps et qu'elles sont rendues à la limite de leur contrôle.
Elles n'arrivent pas à sentir la partie qui dit : « *Je ne sentirai
pas.* »

Il est important de savoir que personne ne peut se contrôler
toute sa vie. Nous avons tous des limites aux plans physique,
émotionnel et mental. C'est ce qui explique pourquoi on entend

souvent dire d'une personne *rigide* : « *Je ne comprends pas ce qui lui arrive. Cette personne n'était jamais malade et voilà que maintenant, elle a un problème après l'autre.* » Ce genre de situation survient lorsque la personne *rigide* n'arrive plus à se contrôler.

L'émotion la plus courante vécue par le *rigide* est la colère, surtout contre lui-même. Sa réaction première lorsqu'il est en colère est d'attaquer quelqu'un d'autre, même si elle est contre lui-même. En réalité, il est en colère contre lui-même pour ne pas avoir vu juste ou pour ne pas avoir fait la bonne action par exemple. Prenons le cas d'une personne *rigide* qui prête de l'argent à un ami tout en sachant que ce dernier a souvent des difficultés avec ses finances. Elle lui prête cet argent parce que cet ami lui a promis qu'il le lui rendra dans deux semaines, car il attend une rentrée d'argent, mais il ne tient pas sa promesse. Le *rigide* vit alors de la colère parce qu'il s'en veut de ne pas avoir vu juste et de lui avoir donné une autre chance. Il veut souvent donner des chances aux autres; il se croit plus juste ainsi. S'il est très *rigide*, il est fort probable qu'il ne veuille même pas voir sa colère et qu'il essaie d'arranger la situation en excusant l'autre.

Ce même exemple peut être vécu comme une blessure de trahison si c'est un *contrôlant* qui prête de l'argent. Ce dernier cependant ne s'en voudra pas comme le fait le *rigide*. Il en voudra davantage à cet ami, à qui il a fait confiance, de ne pas garder sa parole en ne remboursant pas.

Le *rigide* est aussi le genre de personne à avoir de la difficulté à se laisser aimer et à démontrer son amour. Il pense souvent trop tard à ce qu'il aurait voulu dire ou aux marques d'affection qu'il aurait voulu donner à ceux qu'il aime. Il se promet souvent de le faire quand il les reverra mais il l'oublie lorsque l'occasion se présente. Il passe donc pour une personne froide et non affectueuse. En agissant ainsi, il est injuste envers les autres et surtout envers lui-même, car il se prive d'exprimer ce qu'il ressent véritablement.

Le *rigide*, étant très sensible, évite de se laisser toucher psychologiquement par les autres. Cette peur d'être touché ou affecté par d'autres personnes peut être assez forte pour se créer des problèmes de peau. En effet, la peau étant un organe de contact, elle nous aide à toucher et à être touché par les autres. La peau éloigne donc les autres si elle est repoussante. La personne qui a un problème de peau a surtout honte de ce que les autres pourraient voir ou penser d'elle.

Cette peur de se laisser toucher par les autres peut être remarquée dans le corps physique du *rigide* qui se ferme. Les bras fermés le long du corps, surtout du coude à l'épaule, les mains fermées ainsi que les jambes fermées et collées l'une contre l'autre sont des indications de fermeture.

Un autre moyen souvent utilisé par le *rigide* pour être injuste envers lui-même est la comparaison. Il est porté à se comparer à ceux qu'il considère comme mieux et surtout plus parfaits que lui. Se dévaloriser ainsi représente une grave injustice et une forme de rejet de son être. Il est très courant pour le *rigide* de s'être senti comparé, étant jeune, soit à ses frères, sœurs ou à des amis ou compagnons d'école. À ce moment-là, il a accusé les autres d'être injustes envers lui, car il ne savait pas que si ses proches le comparaient, c'était pour lui montrer qu'il le faisait à l'intérieur de lui-même.

Si tu te reconnais dans cette blessure d'injustice et portant le masque de *rigide*, la première chose à faire est d'admettre le nombre de fois où tu es injuste envers les autres et surtout envers toi-même dans une journée. C'est la partie la plus difficile à admettre mais ce sera le début de ta guérison. Je parlerai plus longuement dans le prochain chapitre des moyens pour bien guérir cette blessure.

Je me souviens d'un incident qui s'est produit avec un de mes fils lors de ses 17 ans et qui a beaucoup touché cette blessure d'injustice que je suis en train de guérir dans cette vie. Un jour où nous étions seuls, je lui ai demandé : « *Dis-moi, depuis ton enfance, quelle est mon attitude en tant que mère qui t'a fait le plus souffrir?* » Il me répond : « *Ton injustice!* » Je suis restée bouche bée. Je ne pouvais plus parler tant ma surprise fut grande. Je me remémorais toutes les situations où j'avais essayé d'être une mère juste. En me plaçant dans la peau de mes enfants, je peux maintenant comprendre qu'ils aient trouvé certains de mes comportements et attitudes injustes. Cependant, les caractéristiques physiques chez mon fils indiquent que son expérience d'injustice vécue avec moi a plutôt réveillé sa blessure de trahison. En effet, il a dû trouver injuste l'indifférence de son père face à mon comportement vis-à-vis de lui. Dans son corps, on peut voir deux blessures, celle de l'injustice et celle de la trahison. Cela est très fréquent et signifie qu'il a quelque chose de différent à régler avec chacun des parents : la blessure de trahison avec le parent du sexe opposé et celle d'injustice avec le parent du même sexe.

La plus grande peur du *rigide* est la FROIDEUR. Il a autant de difficulté à accepter sa propre froideur que celle des autres. Il fait tout son possible pour se montrer chaleureux. Il se croit d'ailleurs chaleureux et il ne réalise pas vraiment que les autres puissent le trouver insensible et froid. Il ne prend pas conscience qu'il évite d'être en contact avec sa sensibilité pour ne pas montrer sa vulnérabilité. Il ne peut accepter cette froideur, car ce serait admettre être *sans coeur*, ce qui revient à dire *injuste*. Voilà pourquoi il est très important pour le *rigide* de se faire dire qu'il est bon, c'est-à-dire *bon dans ce qu'il fait* et *rempli de bonté*. Dans le premier cas, il se considère comme parfait et dans le deuxième, chaleureux. Il vit aussi difficilement la froideur des autres. Lorsque quelqu'un est froid avec lui, le coeur lui fait mal et il se demande tout de suite ce qu'il a fait ou dit de *pas correct* pour que l'autre agisse ainsi avec lui.

Il est attiré par tout ce qui est noble. Le respect et l'honneur sont tout aussi importants. Il est facilement impressionné par les personnes qui ont des titres importants. S'il sait que ça peut lui valoir un titre, il devient encore plus performant. Il est prêt à faire tous les efforts et les sacrifices nécessaires bien que le *rigide* ne voie pas cela comme des sacrifices.

Dans sa vie sexuelle, le *rigide* a généralement de la difficulté à se laisser aller, à ressentir du plaisir. Il éprouve des problèmes à exprimer toute la tendresse qu'il ressent. C'est pourtant le type qui a physiquement l'air le plus sexy. Les personnes *rigides* aiment s'habiller avec des vêtements moulants, sexy, et être très attirantes physiquement. On dit souvent d'une femme *rigide* qu'elle est une *allumeuse*, c'est-à-dire qu'elle aime attirer les hommes tout en les repoussant très froidement si elle juge que ça va trop loin. Adolescente, c'est la *rigide* qui se retiendra, se contrôlera le mieux, voulant se garder pure et parfaite pour l'heureux élu. Elle se crée facilement un idéal de relation sexuelle irréaliste. Lorsqu'elle se décide enfin à se donner, elle est habituellement déçue, car ça ne correspond pas à son idéal. Lorsque la personne *rigide* a de la difficulté à s'engager, c'est à cause de sa peur de se tromper dans son choix de partenaire. Cette peur de l'engagement est différente du *contrôlant* qui, lui, a peur de la séparation, car il craint d'avoir à se désengager.

La personne *rigide* entretient plusieurs tabous au niveau sexuel, car le bien et le mal dirigent aussi sa vie sexuelle. La femme est particulièrement habile à faire semblant de jouir. Plus la blessure est forte, plus la personne est *rigide* et plus il est difficile pour elle d'atteindre l'orgasme. L'homme, pour sa part, peut souffrir d'éjaculation précoce ou même d'impuissance sexuelle selon sa capacité à se faire plaisir dans la vie.

J'ai également remarqué que plusieurs prostituées ont les caractéristiques du *rigide* dans leur corps. Elles peuvent avoir des relations sexuelles pour l'argent seulement, car elles arrivent à se couper de leur senti plus facilement que bien d'autres personnes.

Suite à ce qui est mentionné dans ce chapitre, il va de soi que la blessure d'*injustice* affecte notre façon de communiquer. Les peurs du *rigide* qui l'empêchent de communiquer clairement et de faire ses demandes sont les suivantes : peur de se tromper, de ne pas être clair, d'être critiqué, d'avoir choisi le mauvais moment, de trop en dire, de déborder ou de perdre le contrôle, de déplaire, de passer pour trop exigeant, d'être jalousé ou envié, d'être jugé de profiteur. Si tu te vois dans ces peurs, voilà un bon moyen pour découvrir que tu n'es pas toi-même et que c'est ta blessure d'*injustice* qui prend le dessus.

Au niveau de l'alimentation, le *rigide* préfère les aliments salés aux aliments sucrés. Il aime aussi tout ce qui est croustillant. J'en connais qui prennent plaisir à croquer des glaçons. Il essaie en général de bien équilibrer son alimentation. Parmi les cinq types, c'est sans doute lui qui choisira le premier de devenir végétarien. Ça ne veut pas nécessairement dire qu'être végétarien répond vraiment aux besoins de son corps. Souviens-toi que le *rigide* prend souvent des décisions pour être juste. S'il est végétarien, parce qu'il trouve par exemple injuste qu'on tue des animaux, son organisme pourrait souffrir d'un manque de protéines. Par contre, s'il fait ce choix parce qu'il n'aime pas la viande et, qu'en plus, ça lui fait plaisir de sauver des animaux, la motivation est différente. Son corps, à ce moment-là, se porterait mieux.

S'il contrôle trop son alimentation, il peut perdre le contrôle à l'occasion dans les sucreries ou l'alcool. Si cela se produit devant d'autres personnes, il se dépêchera d'expliquer à tous que ça ne lui arrive jamais, qu'aujourd'hui est vraiment une exception. Lorsque le *rigide* vit une situation qui le touche beaucoup, un anniversaire ou une rencontre spéciale par exemple, il a plus de difficulté à se contrôler. Il sera porté à ce moment-là à manger ce qu'il s'interdit habituellement, surtout ce qui pourrait le faire grossir. Lorsque ça lui arrive, il se justifie en disant : « *Je ne mange JAMAIS ça d'habitude, mais aujourd'hui je le fais pour vous accompagner.* » Il semble avoir complètement oublié qu'il a dit la même chose il y a peu de temps. Il se sent coupable, s'accuse et il se promet bien de recommencer à se contrôler dès le lendemain.

Voici les malaises et les maladies que la personne portant un masque de *rigide* peut s'attirer :

⊙ Il sent la rigidité dans son corps, sous forme de RAIDEURS ou de TENSIONS, dans le haut de son DOS et son COU ainsi que dans les parties flexibles de son corps (chevilles, genoux, hanches, coudes, poignets, etc.). Les *rigi-*

des aiment se faire craquer les doigts, essayant ainsi de les assouplir. Ils peuvent donc sentir la carapace qui enveloppe leurs corps mais ne sentent pas ce qui se cache derrière cette carapace.

◉ Le BURN-OUT a déjà été mentionné.

◉ Les maladies qui se terminent en « ITE » telles des TENDINITES, BURSITE, ARTHRITE. Toute maladie se terminant par *ite* indique une colère intérieure retenue, ce qui est fréquemment le cas chez les *rigides*.

◉ Il est aussi sujet aux TORTICOLIS à cause de sa difficulté à voir tous les aspects d'une situation qu'il considère comme injustes.

◉ Les problèmes de CONSTIPATION et d'HÉMORROÏDES sont très fréquents à cause de sa difficulté à lâcher prise et de la retenue qu'il fait dans sa vie.

◉ Le *rigide* peut souffrir de CRAMPES qui se manifestent lorsqu'une personne s'accroche ou se retient par peur.

◉ Sa difficulté à se faire plaisir peut provoquer des problèmes de CIRCULATION DU SANG et des VARICES.

◉ De plus, il a fréquemment des problèmes de PEAU SÈCHE.

◉ Il peut avoir des BOUTONS dans le visage lorsqu'il a peur de se tromper, de *perdre la face*, de ne pas être à la hauteur de ses propres attentes.

◉ Le PSORIASIS est souvent vécu par les personnes *rigides*. Elles s'attirent ce problème pour ne pas être trop bien ou trop heureuses. Ce serait injuste face aux autres. Il est remarquable que les poussées de psoriasis arrivent fréquemment lors de vacances ou à des moments où tout va bien dans leur vie.

⊙ Les problèmes de FOIE sont fréquents à cause de sa colère refoulée.

⊙ La NERVOSITÉ est courante même si, la plupart du temps, le *rigide* réussit bien à la contrôler pour qu'elle ne soit pas visible de l'extérieur.

⊙ Il est assez fréquent pour le *rigide* de souffrir d'IN-SOMNIE surtout pour celui qui ne se sent bien que lorsque tout est terminé et parfait. Il pense tellement à tout ce qu'il a à faire que cela le réveille et il n'arrive plus à se rendormir.

⊙ Il a aussi des problèmes de VISION à cause de sa difficulté à voir qu'il a pris une mauvaise décision ou qu'il a pu avoir une mauvaise perception d'une situation. Il préfère ne pas voir tout ce qu'il considère comme imparfait, ainsi il ne souffrira pas. Il utilise souvent l'expression « ce n'est pas clair », ce qui n'aide pas à améliorer sa vision.

La plupart des maladies du *rigide* ne sont, généralement, pas assez sérieuses pour aller voir le médecin. Il attend que ça guérisse tout seul ou il essaie de se soigner par lui-même, sans le dire aux autres, car il a trop de difficulté à avouer qu'il peut avoir besoin d'aide. Lorsqu'il décide de demander de l'aide, il risque de se retrouver avec un problème très sérieux.

Les malaises et maladies précités peuvent se manifester chez des personnes avec d'autres blessures mais ils semblent beaucoup plus courants chez les personnes souffrant d'injustice.

J'ai mentionné dans le chapitre précédent que le masque de *contrôlant* (blessure de trahison) cache la blessure d'abandon. Il en va de même pour le masque de *rigide* qui sert à dissimuler la blessure de rejet. Si tu te réfères au chapitre sur la blessure de rejet, tu verras que celle-ci se développe dans les premiers mois, tandis que celle de l'injustice se forme entre trois et cinq ans. Le jeune enfant qui s'est senti rejeté pour une raison ou pour une autre tente de ne plus l'être en étant le plus parfait possible. Après quelques années, il ne se sent pas plus aimé malgré ses efforts de perfection et il considère que cela n'est pas juste. Il décide donc de se contrôler davantage et de devenir tellement parfait qu'il ne sera jamais rejeté. C'est ainsi qu'il se crée le masque de *rigide*. Il se coupe de son senti, ce qui l'aide à ne pas ressentir de rejet. Lorsque la blessure d'injustice est plus évidente dans le corps d'une personne que celle de rejet, c'est que cette personne ressent plus d'injustice que du rejet. Pour d'autres, ça peut être l'inverse.

Cependant, quelqu'un peut souffrir de rejet sans souffrir d'injustice mais, selon mes observations, toutes les personnes qui souffrent d'injustice cachent une blessure de rejet. C'est ce qui explique que très souvent, en vieillissant, on voit le corps des hommes et des femmes *rigides* diminuer de volume. Leur corps prend graduellement les caractéristiques du masque de *fuyant*. La science médicale appelle ce phénomène, l'ostéoporose.

Si tu te vois dans cette blessure d'injustice, il est important de te souvenir que ton parent du même sexe que toi a vécu et vit probablement encore cette même blessure avec son propre parent du même sexe. Dans le chapitre suivant, je mentionne quoi faire avec ce parent pour t'aider à guérir ta blessure.

Souviens-toi que la raison principale de la présence de n'importe quelle blessure vient de l'incapacité à se pardonner celle que nous nous créons ou que nous avons fait aux autres. Il est difficile de se pardonner, car, en général, nous ne voyons même pas que nous nous en voulons. Plus la blessure d'injustice est importante, plus cela signifie que tu es injuste envers les autres ou envers toi-même en t'en demandant beaucoup trop, en n'écoutant pas tes limites et en ne te faisant pas plaisir assez souvent. **Nous reprochons aux autres tout ce que nous faisons nous-même et ne voulons pas voir.** C'est la raison pour laquelle nous nous attirons des personnes qui nous montrent ce que nous faisons aux autres ou à nous-même.

Un autre moyen pour devenir conscient que nous souffrons d'injustice ou que nous sommes injustes envers une autre personne est la honte. En effet, nous vivons un sentiment de honte lorsque nous voulons nous cacher ou dissimuler un comportement. Il est normal de trouver honteux d'avoir une conduite que nous reprochons aux autres. Nous ne voulons surtout pas qu'ils découvrent que nous agissons comme eux.

Je te rappelle que les caractéristiques et comportements décrits dans ce chapitre sont présents seulement lorsqu'une personne décide de porter son masque de rigide, croyant ainsi éviter de souffrir d'injustice. Selon la gravité de la blessure et l'intensité de la douleur, ce masque est porté très peu ou très souvent.

Les comportements propres au rigide sont dictés par la peur de revivre la blessure d'injustice. Toutes les blessures décrites dans ce livre ont chacune leurs comportements et attitudes intérieures respectives. Ces façons de penser, de sentir, de parler et d'agir indiquent donc une réaction à ce qui se passe dans la vie. Une personne en réaction n'est pas centrée, pas dans son cœur et ne peut pas être bien ou heureuse. Voilà pourquoi il est si utile d'être conscient des moments où tu es toi-même ou parfois en réaction. Ce faisant, il devient possible pour toi de devenir maître de ta vie au lieu de te laisser diriger par tes peurs.

Ce chapitre a pour but de t'aider à devenir conscient de la blessure d'injustice. Si tu te vois dans la description de cette blessure, le dernier chapitre contient toutes les informations dont tu auras besoin pour guérir cette blessure et redevenir toi-même, sans croire que la vie est remplie d'injustice. Si tu ne te vois pas dans celle-ci, je te suggère de vérifier auprès de ceux qui te connaissent bien s'ils sont d'accord avec toi. J'ai déjà mentionné qu'il est possible d'avoir seulement une petite blessure d'injustice. En tel cas, tu ne posséderais que certaines des caractéristiques. Par contre, il est probable que tu te reconnaisses dans certains comportements et non dans tout ce que j'ai décrit. Il est presque impossible pour une personne de se reconnaître dans toutes les manières de se comporter mentionnées. Je te rappelle qu'il est important de te fier d'abord à la description physique, car le corps physique ne ment jamais, contrairement à nous qui pouvons nous faire accroire facilement.

Si tu reconnais cette blessure chez quelques personnes dans ton entourage, tu ne dois pas essayer de les changer. Utilise plutôt ce que tu apprends dans ce livre pour développer plus de compassion pour eux, pour mieux comprendre leurs comportements réactifs. Il est préférable qu'ils lisent eux-mêmes ce livre s'ils démontrent un intérêt en ce sens, plutôt que de tenter de leur expliquer le contenu dans tes mots.

Caractéristiques de la blessure d'INJUSTICE

Éveil de la blessure : Entre quatre et six ans avec le **parent du même sexe**. Être performant et parfait. Blocage de l'individualité.

Masque : Rigide

Corps : Droit, rigide et le plus parfait possible. Bien proportionné. Fesses rondes. Petite taille serrée par vêtement ou ceinture. Mouvements rigides. Peau claire. Mâchoire serrée. Cou raide. Droit de fierté.

Yeux : Regard brillant et vivant. Yeux clairs.

Vocabulaire : « pas de problème », « toujours/jamais », « très bon/très bien », « très spécial », « justement », « exactement », « sûrement », « d'accord ? ».

Caractère : Perfectionniste. Envieux. Se coupe de son senti. Se croise souvent les bras. Performant pour être parfait. Trop optimiste. Vivant, dynamique. Se justifie beaucoup. Difficulté à demander de l'aide. Peut rire pour rien pour cacher sa sensibilité. Ton de la voix sec et raide. N'admet pas qu'il vit des problèmes. Doute de ses choix. Se compare à mieux et à pire. Difficulté à recevoir en général. Trouve injuste d'en obtenir moins et encore plus injuste d'en recevoir plus que les autres. Difficulté à se faire plaisir sans se sentir coupable. Ne respecte pas ses limites, s'en demande beaucoup. Se contrôle. Aime l'ordre. Rarement malade, dur pour son corps. Colérique. Froid et difficulté à montrer son affection. Aime avoir une apparence sexy.

Plus grande peur : la froideur.

Alimentation : Préfère aliments salés aux sucrés. Aime tout ce qui est croustillant. Se contrôle pour ne pas grossir. Se justifie et a honte lorsqu'il perd le contrôle.

Maladies possibles : Burn-out (épuisement professionnel) • anorgasme (femme) • éjaculation précoce ou impuissance (homme) • Maladies finissant en « ite » telles que tendinite, bursite, arthrite, etc. • Torticolis constipation • hémorroïdes • crampes • circulation du sang • foie • varices problèmes de peau • nervosité • insomnie • mauvaise vision.

CHAPITRE 7
GUÉRISON DES BLESSURES ET TRANSFORMATION DES MASQUES

Avant de procéder à la description des étapes de guérison pour chaque type de blessures et de masques, je tiens à te partager des observations que j'ai faites concernant la façon dont chaque type parle, s'assoit, danse, etc. Celles-ci mettent en lumière les différences de comportements reliées aux masques.

Selon le masque, la façon de parler et la voix sont différentes.

➤ Le *fuyant* a une voix éteinte et faible.

➤ Le *dépendant* utilise une intonation d'enfant ainsi qu'un ton plaintif.

➤ Le *masochiste* feint souvent des sentiments dans sa voix afin de passer pour une personne intéressée.

➤ Le *rigide* parle d'une façon plutôt mécanique et retenue.

➤ Le *contrôlant* a une voix forte qui porte loin.

Voici maintenant la façon de danser pour chaque type de caractère :

➤ Le *fuyant* n'aime pas particulièrement danser. Lorsqu'il le fait, il bouge peu et de façon effacée pour ne pas se faire remarquer. Ce qui émane de lui, c'est *Ne me regardez pas trop.*

➤ Le *dépendant* préfère les danses de contact parce qu'elles lui donnent l'occasion de se coller à son partenaire. Parfois, il semble se pendre à l'autre. Ce qui ressort de lui, c'est *Regardez comme mon partenaire m'aime.*

➤ Le *masochiste* aime beaucoup danser et en profite pour exprimer sa sensualité. Il danse pour le plaisir de danser. Ce qui se dégage de lui, c'est *Regardez à quel point je peux être sensuel.*

➤ Le *contrôlant* prend beaucoup de place. Il aime danser et il en profite pour séduire. C'est surtout une occasion pour lui d'être regardé. Ce qui émane de lui, c'est *Regardez-moi.*

➤ Le *rigide* danse très bien et a du rythme malgré la rigidité de ses jambes. Il fait attention pour ne pas se tromper. C'est celui qui prend le plus souvent des cours de danse. Les très *rigides* sont sérieux, se tiennent très droits et semblent même compter leurs pas en dansant. Ce qui ressort de lui, c'est *Regardez comme je danse bien.*

Quelle sorte de voiture préfères-tu? La description suivante t'indique quelle personnalité en toi influence ton choix :

➤ Le *fuyant* aime une automobile avec des couleurs sombres qui passent inaperçues.

➤ Le *dépendant* préfère une voiture confortable et différente des normes.

➤ Le *masochiste* choisit un petit véhicule où il est à l'étroit.

➢ Le *contrôlant* achète une automobile puissante qui sera remarquée.

➢ Le *rigide* préfère une voiture classique, performante, car il veut en avoir pour son argent.

Tu peux appliquer ces caractéristiques à d'autres catégories d'achats ainsi qu'à la façon de te vêtir.

La façon de s'asseoir indique ce qui se passe chez une personne pendant qu'elle parle ou écoute.

➢ Le *fuyant* se fait tout petit sur sa chaise et aime beaucoup se cacher les pieds sous les cuisses. En n'étant pas branché par terre, il peut fuir plus facilement.

➢ Le *dépendant* s'écrase sur sa chaise ou s'appuie sur quelque chose comme le bras de sa chaise ou d'un fauteuil avoisinant par exemple. Le haut du dos penche vers l'avant.

➢ Le *masochiste* s'assoit les jambes écartées. Comme la plupart du temps il choisit une chaise ou un fauteuil qui ne lui convient pas, il semble inconfortable.

➢ Le *contrôlant* s'assoit et penche son corps vers l'arrière avec les bras croisés quand il écoute. Lorsqu'il parle, il se penche vers l'avant pour mieux convaincre son interlocuteur.

➢ Le *rigide* s'assoit bien droit. Il peut aussi aller jusqu'à serrer les jambes l'une contre l'autre et les aligner avec le corps, ce qui accentue son allure rigide. Lorsqu'il se croise les jambes et les bras, c'est pour ne pas sentir ce qui se passe.

Guérison des blessures et transformation des masques

À maintes reprises durant des entrevues, j'ai eu l'occasion de constater qu'une personne peut s'asseoir différemment selon ce qui se passe en elle. Prenons l'exemple d'une personne qui a les blessures d'injustice et d'abandon. Lorsqu'elle me parle des problèmes dans sa vie, son corps devient plus mou et le haut de son dos s'affaisse; elle est dans sa blessure d'abandon. Quelques minutes plus tard, au moment où je lui pose une question sur quelque chose qu'elle ne veut pas toucher, son corps devient plus droit et rigide et elle me dit que tout va bien à ce sujet-là. Il en est ainsi aussi pour la façon de parler qui peut changer plusieurs fois lors d'une conversation.

Je pourrais continuer ainsi avec plusieurs autres exemples. Dans les mois à venir, je suis sûre que tu arriveras à reconnaître à quel moment toi-même ou quelqu'un dans ton entourage porte un masque par l'observation de tes propres attitudes physiques et psychologiques et des leurs. Tu peux ainsi savoir quelle peur est vécue à ce moment-là.

J'ai aussi observé un fait très intéressant concernant les peurs. Tu as remarqué, au cours de ta lecture, que j'ai mentionné la plus grande peur ressentie par chaque type de caractère. J'ai pu observer à ce sujet que la personne portant un masque particulier ne se rend pas compte de sa peur, mais que les gens autour d'elle voient facilement ce qu'elle veut éviter à tout prix.

➢ La plus grande peur du *fuyant* est la **panique**. Il ne s'en rend pas compte, car il s'éclipse juste avant de paniquer et, très souvent, au cas où il paniquerait. Par contre, les autres à ses côtés se rendent compte de son agitation, car ses yeux le trahissent la plupart du temps.

➢ La plus grande peur du *dépendant* est la **solitude**. Il ne la voit pas, car il s'arrange pour être rarement seul. Lorsqu'il l'est, il peut se faire croire qu'il est bien seul sans toutefois réaliser qu'il recherche fébrilement des occupations pour passer le temps. En l'absence de présence physique, la télévision et le téléphone lui tiendront compagnie. Pour ses proches, il est plus facile de voir et surtout de sentir cette grande peur de la solitude en lui, même lorsqu'il est entouré de personnes. Ses yeux tristes le trahissent aussi.

➤ La plus grande peur du *masochiste* est la **liberté**. Il se croit libre, car il est très sollicité par les autres et trouve le temps de les aider. Il décide même très souvent d'en faire davantage pour les autres, avant même qu'on lui demande. Il ne se rend pas compte cependant qu'il se crée plusieurs contraintes et obligations qui l'empêchent d'écouter ses propres besoins. Son entourage, par contre, se rend compte à quel point il se sacrifie pour les autres. Ses grands yeux ouverts sur le monde nous montrent qu'il est toujours à l'affût des besoins des autres.

➤ La plus grande peur du *contrôlant* est la **dissociation** et le **reniement**. Il ne voit pas à quel point il crée des situations de conflit ou des problèmes pour ne plus parler à quelqu'un. Bien qu'il s'attire des séparations ou des situations où il renie quelqu'un, il ne voit pas qu'il en a peur. Au contraire, il se fait croire que ces séparations ou reniements sont mieux pour lui. Il pense qu'ainsi il ne se fera plus avoir. Le fait qu'il soit très sociable et qu'il aille facilement vers de nouvelles connaissances l'empêchent de voir le nombre de personnes qu'il a mises de côté dans sa vie. Ceux qui l'entourent s'en rendent compte plus facilement. Ses yeux aussi le trahissent. Ils deviennent durs et peuvent même faire peur au point d'éloigner les autres lorsqu'il est en colère.

> La plus grande peur du *rigide* est la **froideur**. Il a de la difficulté à reconnaître cette froideur, car il se considère comme une personne chaleureuse qui fait son gros possible pour que tout soit juste et harmonieux autour de lui. Il est aussi fidèle à ses amis en général. Par contre, son entourage voit fréquemment cette froideur chez lui, non seulement dans ses yeux, mais aussi dans son attitude sèche et raide, surtout lorsqu'il se sent accusé injustement.

La première étape pour guérir une blessure consiste à la reconnaître et à l'ACCEPTER, sans pour autant être d'accord avec le fait qu'elle soit là. Accepter signifie la regarder, l'observer tout en sachant qu'avoir encore des choses à régler fait partie de l'expérience d'être humain. Ce n'est pas parce que quelque chose te fait encore mal que tu es une mauvaise personne.

Avoir été capable de te créer un masque pour ne pas souffrir a été un acte héroïque, une démarche d'amour envers toi-même. Ce masque t'a aidé à survivre et à t'adapter à l'environnement familial que tu as toi-même choisi avant de t'incarner.

La véritable raison pour laquelle nous naissons dans une famille ou que nous sommes attirés par des personnes qui ont les mêmes blessures que nous, c'est qu'au début, nous aimons le fait que les autres soient comme nous. Nous arrivons à ne pas nous trouver si pires que cela. Après quelque temps, nous commençons à trouver des défauts aux autres, nous ne les acceptons plus comme ils sont. Nous cherchons donc à les changer, ne réalisant pas que ce que nous n'acceptons pas chez les autres sont les parties de nous que nous ne voulons pas voir, par peur d'avoir à changer. Nous croyons que nous devons changer quand, en réalité, nous devons guérir. Voilà pourquoi connaître nos blessures est si bénéfique, car cela nous permet de guérir plutôt que de vouloir nous changer.

De plus, souviens-toi que chacune de ces blessures découle d'une accumulation d'expériences échelonnées sur plusieurs vies passées et qu'il est donc tout à fait normal qu'il soit difficile pour toi d'y faire face à nouveau dans cette vie. N'y étant pas parvenu dans les vies passées, tu ne peux pas t'attendre à ce que ça se fasse en disant tout simplement : « Je veux guérir. » Par contre, cette volonté et la décision de guérir tes blessures sont les premiers pas vers la compassion, la patience et la tolérance envers toi-même.

Ces qualités que tu développeras en même temps envers les autres sont des cadeaux que t'apporte ce cheminement vers la guérison. Je suis certaine qu'en lisant les chapitres précédents, tu as découvert les blessures de tes proches. Ça t'a probablement aidé à mieux comprendre leurs comportements, donc, à avoir une plus grande tolérance envers eux.

Comme je l'ai déjà mentionné, il est important de ne pas t'attacher aux mots utilisés pour identifier les blessures ou les masques. Tu peux vivre par exemple une expérience de rejet et te sentir trahi, abandonné, humilié ou la percevoir comme une injustice. Quelqu'un peut être injuste avec toi et cela peut te faire sentir rejeté, humilié, trahi ou abandonné. Comme tu peux voir, *ce n'est pas l'expérience qui importe mais bien ce que tu ressens face à cette expérience*. Voilà pourquoi il est si important, afin de mieux reconnaître tes blessures, de te référer à la description des caractéristiques du corps physique avant de te référer aux caractéristiques comportementales. Le corps ne ment jamais. Il reflète ce qui se passe aux plans émotionnel et mental. Je te suggère de relire plusieurs fois la description physique de chaque blessure pour bien saisir les différences entre chacune d'elles.

Je sais que de plus en plus de personnes recourent à la chirurgie esthétique pour corriger certains aspects de leur corps physique. À mon avis, elles se jouent un tour, car ce n'est pas parce qu'on ne voit plus les caractéristiques d'une blessure dans le corps qu'elle est nécessairement guérie. Plusieurs personnes ayant eu recours à une chirurgie ont témoigné avoir été très déçues de voir réapparaître, après deux ou trois ans, ce qu'elles avaient voulu enlever ou cacher. C'est d'ailleurs la raison pour laquelle les médecins spécialistes en chirurgie esthétique ne garantissent jamais leur travail pour la vie. Par contre, si, par amour pour toi-même, tu choisis de prendre en main ton corps physique par la chirurgie esthétique, en étant conscient de tes blessures et en faisant un travail émotionnel, mental et spirituel sur toi, il y a de fortes chances pour que cette chirurgie soit bénéfique pour toi et que ton corps l'accepte mieux.

Certaines personnes se jouent des tours au plan physique mais il y en a encore plus qui se tendent des pièges au niveau du comportement, c'est-à-dire au niveau de leur attitude intérieure. Cela se produit régulièrement dans l'atelier *Caractères et Blessures* dans lequel j'explique ces blessures en détail. Des participants se voient complètement dans la description du comportement de tel type, alors que leur corps démontre une tout autre réalité.

Je me souviens, entre autres, du cas d'un jeune homme d'une trentaine d'années qui me disait vivre du rejet depuis sa petite enfance. Il souffrait de ne pas avoir de relation stable à cause, selon lui, des nombreux rejets qu'il avait subis. Son corps physique ne démontrait pourtant aucun signe de rejet. Après un moment, je lui dis : « Es-tu bien sûr que c'est du rejet que tu vis et non de l'injustice? » Je lui ai ensuite expliqué que son corps montrait plutôt les signes d'une blessure d'injustice. Il fut très surpris. Je lui ai suggéré de prendre du temps pour bien y réfléchir. Lorsque je l'ai revu la semaine suivante, il était emballé en me partageant qu'il avait compris et éclairci bien des choses depuis une semaine. Il avait bel et bien touché à sa blessure d'injustice.

Ce genre d'exemple n'est pas surprenant, car l'ego fait tout pour que nous ne voyions pas nos blessures. Il est convaincu qu'en y touchant, nous ne saurons pas gérer la douleur reliée à ces blessures. C'est lui qui nous a persuadé de créer des masques dans le but de nous éviter cette souffrance.

L'ego croit toujours prendre le chemin le plus
facile mais, en réalité, il nous complique la vie.
Lorsque c'est l'intelligence qui dirige notre vie, ça
peut sembler difficile au début, car cela exige
certains efforts mais, en fait, l'intelligence simplifie
grandement notre vie.

Plus nous attendons pour nous occuper de nos blessures, plus elles s'aggravent. Chaque fois que nous vivons une situation qui vient réveiller et toucher une blessure, nous y ajoutons une autre couche. C'est comme une plaie qui s'agrandit. Plus elle s'aggrave, plus nous avons peur d'y toucher. Ça devient un cercle vicieux. Cela peut même mener à une forme d'obsession, c'est-à-dire croire que tout le monde est là pour nous faire souffrir. Par exemple, la personne très rigide verra de l'injustice partout et deviendra d'un perfectionnisme excessif. La personne très fuyante, quant à elle, se sentira rejetée par tous et se convaincra que plus personne ne peut l'aimer, etc.

L'avantage à reconnaître sa ou ses blessures est que nous regardons enfin au bon endroit. Auparavant, nous agissions comme une personne qui va chez un médecin pour faire soigner son foie quand, en réalité, c'est son cœur qui a des problèmes. Cette situation peut durer pendant des années, comme ce jeune homme qui essayait de trouver une solution au rejet qu'il croyait vivre, sans que rien ne se règle. Après avoir touché à ce qui le dérangeait véritablement, il fut en mesure de solutionner son problème et de mettre en mouvement la guérison de la blessure.

Je tiens à préciser qu'il y a une différence entre avoir le masque de *dépendant* et souffrir de dépendance affective. Il n'y a pas que les personnes ayant la blessure d'abandon, donc le masque de *dépendant*, qui souffrent de carence affective. Toute personne, quelle que soit la blessure dont elle souffre, peut être dépendante au niveau affectif. Pourquoi? Parce que nous devenons dépendants affectifs lorsque nous souffrons de carence affective et nous souffrons de carence affective lorsque nous ne nous aimons pas assez. Nous recherchons donc l'amour des autres pour arriver à nous convaincre que nous sommes aimables. Chaque masque est justement là pour nous indiquer que nous nous empêchons d'être nous-mêmes parce que nous ne nous aimons pas assez. En effet, souviens-toi que tous les comportements associés à chacun des masques représentent des réactions et non des comportements basés sur l'amour de soi.

Avant d'aller plus loin, récapitulons les explications des cinq chapitres précédents concernant le parent avec qui est généralement vécue chacune des blessures. Ceci est important pour arriver à les guérir.

◆ LE REJET EST VÉCU AVEC LE PARENT DU MÊME SEXE. Le *fuyant* se sent donc rejeté par les personnes du même sexe que lui. Il les accuse de le rejeter et éprouve davantage de colère contre ces personnes que contre lui-même. Par contre, lorsqu'il vit une situation de rejet avec une personne du sexe opposé, il se rejette lui-même. Cela le porte alors à vivre plus de colère contre lui-même. Il est aussi fort possible que ce qu'il croit être du rejet dans cette expérience (avec les personnes du sexe opposé) soit plutôt de l'abandon.

◆ L'ABANDON EST VÉCU AVEC LE PARENT DU SEXE OPPOSÉ. Le *dépendant* se sent donc facilement abandonné par les personnes du sexe opposé et est porté à les accuser plutôt que de s'accuser lui-même. Lorsqu'il vit une expérience d'abandon avec quelqu'un du même sexe, il s'accuse lui-même, croyant ne pas avoir porté assez d'attention à l'autre ou ne pas avoir su prêter la bonne attention. Il arrive fréquemment que ce qu'il croit être une expérience d'abandon avec les personnes du même sexe soit plutôt du rejet.

◆ L'HUMILIATION EN GÉNÉRAL EST VÉCUE AVEC LA MÈRE, que l'on soit un homme ou une femme. Le *masochiste* se sent donc facilement humilié avec les personnes du sexe féminin. Il est davantage porté à les accuser. S'il vit une expérience d'humiliation avec quelqu'un du sexe masculin, il s'accuse lui-même et se sent honteux de son comportement ou de ses pensées face à l'autre. Cette blessure peut exceptionnellement être vécue avec le père s'il s'occupait des besoins physiques de l'enfant, s'il lui apprenait à être propre, à manger, à s'habiller, etc. Si c'est ton cas, tu dois inverser ce qui vient d'être écrit au sujet du féminin et du masculin.

♦ LA TRAHISON SE MANIFESTE AVEC LE PARENT DU SEXE OPPOSÉ. Le *contrôlant* se sent donc facilement trahi par les personnes du sexe opposé et est porté à les accuser pour sa douleur ou ses émotions. Lorsqu'il vit une expérience de trahison avec quelqu'un du même sexe, il s'accuse plutôt lui-même et s'en veut de ne pas avoir vu à temps cette expérience afin de l'empêcher. Il est plus probable que ce qu'il croit être de la trahison de la part des personnes du même sexe soit plutôt une expérience qui active sa blessure d'injustice.

♦ L'INJUSTICE EST VÉCUE AVEC LE PARENT DU MÊME SEXE. Le *rigide* souffre donc d'injustice avec les personnes du même sexe et il les accuse d'être injustes avec lui. S'il vit une situation qu'il considère comme injuste avec quelqu'un du sexe opposé, il n'accuse pas l'autre mais plutôt lui-même d'être injuste ou pas correct. Il y a de fortes chances que cette expérience d'injustice vécue avec les personnes du sexe opposé soit plutôt de la trahison. Il peut même développer une rage meurtrière s'il souffre beaucoup.

Plus ces blessures font mal, plus il est normal et humain d'en vouloir au parent que nous croyons responsable de nous avoir fait souffrir. Plus tard, nous reportons cette rancune ou cette haine sur les personnes du même sexe que les parents accusés de nous avoir fait mal. Il est normal, par exemple, pour un jeune garçon de haïr son père par qui il s'est toujours senti rejeté. Plus tard, il transférera cette haine chez les hommes ou son fils par qui il se sentira également rejeté.

Nous en voulons également à ce parent, d'une façon inconsciente, d'avoir la même blessure que nous. Il devient donc un modèle, sous nos yeux, de quelqu'un avec cette blessure, ce qui nous oblige à nous regarder. Notre préférence, généralement inconsciente, serait d'avoir un autre modèle. Cela explique pourquoi on veut à tout prix ne pas leur ressembler. On n'aime pas ce qu'ils nous reflètent. Les blessures ne pourront être guéries qu'avec un pardon véritable envers soi et envers nos parents.

Par contre, lorsque n'importe laquelle des cinq blessures est vécue avec les personnes du sexe opposé au parent que nous tenons responsable de notre blessure, c'est à nous-même que nous en voulons. C'est en de pareils moments que nous sommes enclins à nous punir soit par le biais d'un accident ou par quelque chose qui nous fait mal physiquement. L'humain croit en la punition comme moyen pour expier sa culpabilité. En réalité, la loi spirituelle de l'amour affirme tout le contraire. Plus nous nous croyons coupables, plus nous nous punissons et plus nous nous attirons le même genre de situation. Ceci revient à dire que plus nous nous accusons, plus nous revivons les mêmes problèmes. Se sentir ainsi coupable rend difficile le pardon de soi, une étape importante vers la guérison.

En plus de la culpabilité, nous vivons très souvent de la honte lorsque nous nous accusons d'avoir blessé quelqu'un d'autre ou lorsque d'autres nous blâment de leur avoir fait subir la ou les blessures que nous n'avons pas encore acceptées. J'ai parlé davantage de la honte dans le chapitre portant sur la blessure d'humiliation, car, chez le *masochiste*, c'est la honte qui se trouve le plus évident à voir. Par contre, tout le monde ressent de la honte à un moment ou à un autre. Elle est d'autant plus intense lorsque nous ne voulons pas accepter que nous faisons subir aux autres ce que nous ne voulons pas qu'ils nous fassent écoper.

Lorsque de graves abus sont commis ou que de la violence est vécue, cela indique que les personnes qui en sont responsables ont des blessures qui font tellement mal qu'elles en perdent le contrôle. C'est pour cette raison que je dis souvent : **Il n'y a pas de méchants dans ce monde mais seulement des souffrants**. Il ne s'agit pas ici de les excuser, mais bien d'apprendre à avoir de la compassion pour ces personnes. Les condamner ou les accuser ne les aidera pas. Nous pouvons avoir de la compassion même si nous ne sommes pas d'accord. C'est un des avantages à être conscients de nos propres blessures et de celles des autres.

J'ai observé qu'il est rare qu'une personne n'ait qu'une blessure. En ce qui me concerne, j'ai déjà mentionné que j'en ai deux principales à gérer dans cette vie, à savoir l'injustice et la trahison. Je vis de l'injustice avec les personnes du même sexe et de la trahison avec les personnes du sexe opposé. Comme l'injustice est vécue avec le parent du même sexe, je me suis aperçue que lorsque je vis cette émotion avec une personne du sexe féminin, j'accuse celle-ci d'être injuste. Lorsque l'injustice vient du sexe masculin, je vais plutôt me traiter moi-même d'injuste et éprouver de la colère contre moi-même. J'ai même honte parfois. Il m'arrive aussi de percevoir cette injustice avec les hommes comme une trahison.

On peut donc voir le masque de *contrôlant* et celui de *rigide* dans le corps de ceux qui, comme moi, souffrent des deux blessures de l'injustice et de la trahison.

J'ai observé également que plusieurs ont les blessures de rejet et d'abandon en même temps. Ils portent donc les masques de *fuyant* et de *dépendant*. Parfois, le haut du corps reflète une blessure et le bas du corps, l'autre. Chez certains, la différence se voit sur les côtés droit et gauche. Avec le temps et la pratique, il devient de plus en plus facile de discerner les masques au premier coup d'œil. Lorsque nous faisons confiance à notre intuition, notre « œil interne » les voit très rapidement.

Quand une personne a la silhouette qui correspond au masque de *contrôlant* et qu'en plus, son corps est plutôt mou et flasque ou qu'elle a les yeux du *dépendant*, tu peux en déduire qu'elle vit les blessures de trahison et d'abandon.

Il peut y avoir évidemment bien d'autres combinaisons. Une autre personne peut avoir le corps plus gros du *masochiste* et, en même temps, être très droite, bien rigide. On sait alors qu'elle a les blessures d'humiliation et d'injustice.

Les personnes ayant un corps assez volumineux du *masochiste* avec de petites jambes et de petites chevilles du *fuyant* sont des gens qui souffrent d'humiliation et de rejet.

Il est possible que certains aient trois, quatre ou même cinq blessures. Une des cinq peut prédominer, tandis que les autres sont moins évidentes. Elles peuvent aussi être toutes de moindre importance. Quand un masque prédomine, c'est signe que la personne l'utilise plus souvent que les autres pour se protéger. Lorsque le masque prend très peu de place dans le corps de la personne, ceci signifie que cette personne ne ressent pas souvent la blessure reliée à ce masque. Ce n'est donc pas parce qu'un masque est dominant que cela veut dire qu'il exprime la blessure la plus importante à guérir.

En effet, nous essayons de cacher les blessures qui nous font souffrir le plus. J'ai déjà mentionné dans les chapitres précédents que nous développons le masque de *rigide* (injustice) et le masque de *contrôlant* (trahison), qui sont des masques de contrôle et de force, afin de cacher la blessure de rejet, d'abandon ou d'humiliation. Cette force sert à camoufler ce qui fait le plus mal. Cela explique pourquoi il est fréquent de voir une de ces trois blessures apparaître avec l'âge, car le contrôle a ses limites. C'est surtout le masque de *rigide*, grâce à sa capacité de se contrôler, qui a la plus grande possibilité de cacher une autre blessure. La personne *masochiste* et *rigide,* par exemple, peut arriver à surveiller son poids pendant un certain temps. Lorsqu'elle ne peut plus se contrôler, son corps grossit.

L'âme qui vient sur Terre pour guérir la blessure de trahison recherche un parent du sexe opposé fort, solide, qui sait prendre sa place, qui ne perd pas le contrôle et qui n'est pas trop émotif. En même temps, le *contrôlant* veut que ce parent soit compréhensif, qu'il lui fasse confiance et qu'il réponde à toutes ses attentes et à son besoin d'attention, ce qui lui éviterait de se sentir abandonné et trahi. Si le parent montre de l'indifférence, il se sent abandonné mais s'il présente une faiblesse quelconque ou un manque de confiance envers lui, il vit cela comme de la trahison. Si le parent du sexe opposé est trop autoritaire, agressif ou violent, il s'établit très souvent un rapport de force entre eux à l'adolescence, ce qui alimente leur blessure de trahison à tous les deux.

L'humain est un spécialiste pour se trouver toutes sortes de bonnes raisons et d'explications lorsque son corps change. On peut remarquer qu'il n'est pas prêt à vouloir se regarder et surtout qu'il a beaucoup de difficulté à accepter l'idée que le corps humain est d'une si grande intelligence. Il ne veut pas admettre que le moindre changement dans son corps physique est une façon d'attirer son attention sur quelque chose qu'il vit à l'intérieur de lui mais qu'il ne veut pas examiner pour le moment. Si seulement l'humain réalisait que lorsque son corps décide d'attirer son attention sur un de ses comportements intérieurs, c'est en réalité son **DIEU** intérieur qui utilise son corps physique pour l'aider à devenir conscient qu'il a tout ce qu'il faut à ce moment-là pour faire face à ce qu'il a peur de trouver. Nous choisissons plutôt de continuer à avoir peur de découvrir nos blessures et nous continuons à porter les masques créés pour les cacher, croyant ainsi que ces blessures vont disparaître.

Souviens-toi : nous ne portons nos masques pour nous protéger que lorsque nous avons peur de souffrir, de revivre une blessure. Tous les comportements décrits dans les chapitres précédents ne sont utilisés que lorsque nous portons nos masques. Aussitôt qu'il est en place, nous ne sommes plus nous-mêmes : nous adoptons plutôt le comportement relié au masque porté. L'idéal est d'arriver à reconnaître rapidement le masque que nous venons de mettre afin d'identifier la blessure que nous essayons de cacher, et ce, sans nous juger, ni nous critiquer. Il se peut que tu changes une ou plusieurs fois de masque dans la même journée ou tu peux faire partie de ceux qui portent le même pendant plusieurs mois, voire plusieurs années, avant qu'une autre blessure remonte à la surface.

Guérison des blessures et transformation des masques

Au moment où tu t'en rends compte, sois heureux de t'en être aperçu et remercie l'incident ou la personne qui a touché à ta blessure, car elle te permet de voir que celle-ci n'est pas encore guérie. Au moins, tu en es conscient. Tu te donnes ainsi le droit d'être humain. Il est surtout important de te permettre de prendre le temps nécessaire pour guérir. Lorsque tu arriveras à te dire régulièrement : « Voilà, j'ai mis tel masque, c'est pour cette raison que j'ai réagi de telle façon », ta guérison sera bien avancée. Je te rappelle que je n'ai encore jamais rencontré une personne qui possédait toutes les caractéristiques mentionnées pour une certaine blessure. La description du caractère de chacun est là pour t'aider à te reconnaître dans certains des comportements reliés à ta blessure.

Je récapitule maintenant la façon de savoir si toi ou une autre personne vient de mettre un masque pour se protéger.

* Lorsque ta blessure de REJET est activée, tu mets le masque de *fuyant*. Celui-ci te porte à vouloir fuir la situation ou la personne avec qui tu crois que tu vivras du rejet, par peur de paniquer et de te sentir impuissant. Ce masque peut aussi te convaincre de devenir le plus invisible possible en te retirant à l'intérieur de toi-même, en ne disant ou en ne faisant rien qui puisse te faire rejeter davantage par l'autre. Ce masque te fait croire que tu n'es pas assez important pour prendre ta place, que tu n'as pas le droit d'exister au même titre que les autres.

* Lorsque ta blessure d'ABANDON est animée, tu portes le masque de *dépendant*. Celui-ci te fait devenir comme un petit enfant qui a besoin et qui cherche l'attention en pleurant, en te plaignant ou en étant soumis à ce qui se passe, car tu crois que tu ne peux y arriver seul. Ce masque te fait

faire des pirouettes pour éviter qu'on te laisse ou pour avoir plus d'attention. Il peut même te convaincre d'aller jusqu'à te rendre malade ou être victime de différents problèmes pour obtenir le support ou le soutien recherché.

* Lorsque c'est la blessure d'HUMILIATION qui est éveillée, tu enfiles le masque de *masochiste*. Celui-ci te fait oublier tes besoins pour ne penser qu'à ceux des autres en devenant une bonne personne, généreuse, toujours prête à rendre service, même au-delà de tes limites. Tu t'arranges aussi pour prendre sur ton dos les responsabilités et engagements de ceux qui semblent avoir de la difficulté à respecter ce qu'ils doivent faire et cela, avant même qu'ils te le demandent. Tu fais tout pour te rendre utile, toujours pour ne pas te sentir humilié, rabaissé. Tu t'arranges ainsi pour ne pas être libre, ce qui est si important pour toi. Chaque fois que tes actions ou agissements sont motivés par la peur d'avoir honte de toi ou de te sentir humilié, c'est signe que tu portes ton masque de *masochiste*.

* Lorsque tu vis la blessure de TRAHISON, tu portes le masque de *contrôlant* qui t'amène à devenir méfiant, sceptique, sur tes gardes, autoritaire et intolérant à cause de tes attentes. Tu fais tout pour montrer que tu es une personne forte et que tu ne te laisses pas faire ou avoir facilement, en particulier lorsque tu décides pour les autres. Ce masque te fait faire des pirouettes pour éviter de perdre ta réputation au point même de mentir. Tu oublies tes besoins et fais ce qu'il faut pour que les autres pensent que tu es une personne fiable et en qui on peut avoir confiance. Ce masque te fait également projeter une façade de personne sûre

d'elle, même si tu n'as pas confiance en toi et que tu remets en question tes décisions ou tes actions.

• Lorsque la blessure d'INJUSTICE est déclenchée, tu revêts le masque de *rigide* qui fait de toi une personne froide, brusque et sèche au niveau du ton et des mouvements. Tout comme ton attitude, ton corps devient rigide lui aussi. Ce masque te fait devenir aussi très perfectionniste et te fait vivre beaucoup de colère, d'impatience, de critique et d'intolérance face à toi-même. Tu es très exigeant et tu ne respectes pas tes limites. Chaque fois que tu te contrôles, que tu te retiens et que tu es dur avec toi-même, c'est aussi signe que tu as mis ton masque de *rigide*.

Nous mettons un masque non seulement chaque fois que nous avons peur de vivre une blessure avec quelqu'un d'autre mais aussi lorsque nous avons peur de réaliser que nous faisons nous-même vivre une blessure aux autres. Donc, nous agissons toujours afin d'être aimés ou par peur de perdre l'amour des autres. Nous adoptons un comportement qui ne correspond pas à ce que nous sommes. Nous devenons quelqu'un d'autre. Comme le comportement dicté par le masque nous demande des efforts, nous avons des attentes face aux autres par la suite.

Ce que nous sommes et ce que nous faisons doivent être la source de notre bien-être et non les compliments, la gratitude, la reconnaissance ou le soutien qui nous viennent des autres.

N'oublie pas cependant à quel point ton ego peut te jouer des tours pour ne pas devenir conscient de tes blessures. L'ego est convaincu que si l'humain en devient conscient et qu'il les élimine, celui-ci ne sera plus protégé et il souffrira. Voici la façon dont chaque type de caractère se laisse jouer des tours par son ego.

➢ Le *fuyant* se fait croire qu'il s'occupe bien de lui-même et des autres pour ne pas sentir les différents rejets vécus.

➢ Le *dépendant* aime faire l'indépendant et dire, à qui veut bien l'entendre, à quel point il se sent bien seul et qu'il n'a pas besoin de personne.

➢ Le *masochiste* se convainc que tout ce qu'il fait pour les autres lui fait énormément plaisir et qu'il écoute vraiment ses besoins en le faisant. Il est excellent pour dire et penser que tout est bien et pour trouver des excuses aux situations ou aux personnes qui l'ont humilié.

➢ Le *contrôlant* est persuadé qu'il ne ment jamais, qu'il garde toujours sa parole et que personne ne lui fait peur.

➢ Le *rigide* aime bien dire à tout un chacun combien il est juste, que sa vie est sans problèmes et il aime croire qu'il a beaucoup d'amis qui l'aiment comme il est.

On guérit nos blessures intérieures comme on se rétablit de nos blessures physiques. As-tu déjà été tellement impatient de voir disparaître un bouton sur ton visage que tu le tripotais constamment? Qu'est-il arrivé? Le bouton a probablement persisté beaucoup plus longtemps, n'est-ce pas? C'est ce qui arrive lorsque nous n'avons pas confiance dans le pouvoir de guérison de notre propre corps. Pour qu'un problème (quel qu'il soit) disparaisse, il faut d'abord l'accepter, lui donner de l'amour inconditionnel plutôt que vouloir le faire disparaître. Tes blessures profondes ont aussi besoin d'être reconnues, aimées et acceptées.

Guérison des blessures et
transformation des masques

Je te rappelle qu'aimer inconditionnellement, c'est accepter même si tu n'es pas d'accord et même si tu ne comprends pas le pourquoi de certaines situations.

Aimer une blessure ou aimer tes boutons sur ton visage, c'est donc accepter que tu les crées pour une raison spécifique et surtout dans le but de t'aider. Au lieu de vouloir faire disparaître tes boutons, tu dois les utiliser pour devenir conscient d'un aspect de toi que tu ne veux pas voir. En effet, ces boutons veulent attirer ton attention pour te faire réaliser, entre autres, que, dans le moment, tu as peut-être peur de perdre la face dans une situation quelconque et que cette peur t'empêche d'être toi-même. En adoptant cette nouvelle attitude, tu ne verras plus tes boutons de la même façon, n'est-ce pas? Cela pourrait même t'amener à les remercier. Si tu choisis de vivre cette expérience en adoptant ce genre d'attitude mentale, il est certain que tes boutons disparaîtront beaucoup plus rapidement, car ils auront été reconnus et aimés pour leur utilité.

Réalise que ce que tu crains des autres ou ce que tu leur reproches, tu leur fais aussi, ainsi qu'à toi-même.

Voici quelques exemples pour démontrer à quel point on peut parfois se faire mal à soi-même.

- Celui qui souffre de *rejet* alimente sa blessure chaque fois qu'il se traite de nul, de bon à rien, de ne faire aucune différence dans la vie des autres et chaque fois qu'il fuit une situation.

- Celui qui vit de l'*abandon* nourrit sa blessure chaque fois qu'il abandonne un projet qui lui tenait à cœur, qu'il se làisse tomber, qu'il ne s'occupe pas assez de lui-même et qu'il ne se donne pas l'attention dont il a besoin. Il fait peur aux autres en s'accrochant trop à eux et s'arrange ainsi pour les perdre et se retrouver à nouveau seul. Il fait beaucoup souffrir son corps, se créant des maladies pour attirer l'attention.

⊙ Celui qui souffre *d'humiliation* alimente sa blessure chaque fois qu'il se rabaisse, qu'il se compare aux autres en se diminuant et qu'il s'accuse d'être gros, pas bon, sans volonté, profiteur, etc. Il s'humilie en portant des vêtements qui le désavantagent et en les salissant. Il fait souffrir son corps en lui donnant trop de nourriture à digérer et à assimiler. Il se fait souffrir en prenant sur lui les responsabilités des autres, ce qui le prive de sa liberté et de temps pour lui-même.

⊙ Celui qui vit de la *trahison* entretient sa blessure en se mentant, en se faisant croire des choses fausses et en ne tenant pas ses engagements avec lui-même. Il se punit en faisant tout lui-même parce qu'il ne fait pas confiance aux autres et qu'il ne délègue pas. Ou lorsqu'il le fait, il est tellement occupé à vérifier ce que les autres font qu'il se prive de bon temps pour lui-même.

⊙ Celui qui souffre *d'injustice* favorise sa blessure en étant beaucoup trop exigeant avec lui-même. Il ne respecte pas ses limites et se fait vivre beaucoup de stress. Il est injuste envers lui-même, car il se critique et a de la difficulté à voir ses qualités et ce qu'il fait de bien. Il souffre quand il ne voit seulement que ce qui n'est pas fait ou l'erreur qui a été commise. Il se fait souffrir en ayant de la difficulté à se faire plaisir.

J'ai mentionné plus tôt l'importance d'accepter inconditionnellement nos blessures. Il est aussi nécessaire d'accepter les masques que tu as permis à ton ego de créer pour les cacher et pour t'éviter de souffrir. **Aimer et accepter une blessure signifie la reconnaître, savoir que tu es revenu sur cette terre pour guérir ce genre de blessure et accepter que ton ego a voulu te protéger en créant un masque.** Ensuite, remercie-toi d'avoir eu le courage de créer et d'entretenir un masque qui a contribué à t'aider à survivre.

Aujourd'hui, par contre, ce masque te nuit plus qu'il ne t'aide. Le temps est venu pour toi de décider que tu peux survivre même si tu te sens blessé. Tu n'es plus ce petit enfant qui ne pouvait pas gérer sa blessure. Tu es maintenant un adulte avec plus d'expérience et plus de maturité, avec une vision différente sur la vie et qui a l'intention dorénavant de s'aimer davantage.

J'ai mentionné dans le premier chapitre que nous passons par quatre étapes lorsque nous nous créons une blessure. La première est celle où nous sommes nous-mêmes. La deuxième consiste à ressentir de la douleur en découvrant que nous ne pouvons pas être nous-mêmes, car cela ne fait pas l'affaire des adultes autour de nous. Malheureusement, les adultes ne réalisent pas que l'enfant essaie de découvrir qui il est et, au lieu de le laisser être lui-même, ils sont davantage occupés à dire à l'enfant qui il devrait être. La troisième étape représente celle de la révolte face à la douleur vécue. C'est à ce moment que l'enfant commence à faire des crises et à résister à ses parents. La dernière étape, la résignation, est celle où nous décidons de nous créer un masque pour essayer de ne pas décevoir les autres et surtout pour ne pas revivre la souffrance qui résulte du fait de ne pas avoir été acceptés lorsque nous étions nous-mêmes.

La guérison sera complétée lorsque tu arriveras à inverser ces quatre étapes en commençant par la quatrième et en retournant à la première, celle où tu redeviens toi-même. Dans ce processus, la première chose à faire est de devenir conscient du masque que tu portes. Tu y parviendras grâce aux cinq chapitres décrivant chacune des blessures.

La deuxième étape est vécue lorsque tu éprouves de la révolte à la lecture de ces chapitres ou lorsque tu ressens de la résistance à accepter ta responsabilité, préférant accuser les autres de tes souffrances. Dis-toi bien qu'il est normal pour tout être humain de résister lorsqu'il découvre des aspects de lui qu'il n'aime pas. Cette étape est vécue différemment par chacun. Certains expérimentent plus de révolte et de résistance que d'autres. L'intensité de ta révolte dépend de ton degré d'acceptation, d'ouverture et du degré de ta blessure, au moment où tu prends conscience de ce qui se passe en toi.

La troisième étape est celle où tu dois te donner le droit d'avoir souffert et d'en avoir voulu à l'un de tes parents ou aux deux. Plus tu ressens la souffrance que l'enfant en toi a vécue, plus tu auras de compassion pour lui et plus cette étape sera faite en profondeur. C'est aussi durant cette étape que le lâcher prise envers tes parents se fera en ayant de la compassion pour leur propre souffrance.

Enfin, la quatrième étape est celle où tu redeviens toi-même, celle où tu cesses de croire que tu as encore besoin de porter tes masques pour te protéger. Tu acceptes que la vie soit remplie d'expériences qui servent à t'apprendre ce qui est bénéfique et intelligent pour toi. C'est ce qui s'appelle l'AMOUR DE SOI. Comme l'amour a un grand pouvoir de guérison et de regain d'énergie, prépare-toi à observer plusieurs transformations dans ta vie : au niveau de tes relations avec les autres ainsi qu'au niveau physique, c'est-à-dire des guérisons ou des changements dans ton corps physique.

Souviens-toi que t'aimer signifie te donner le droit d'être tel que tu es pour le moment et t'accepter même si tu fais aux autres ce que tu leur reproches. L'amour n'a rien à voir avec ce que tu fais ou ce que tu possèdes. T'aimer, c'est donc te donner le droit de parfois blesser les autres en les rejetant, en les abandonnant, en les humiliant, en les trahissant ou en étant injuste envers eux, malgré toi. Voilà une étape importante vers la guérison de tes blessures.

L'amour véritable est l'expérience d'être toi-même.

Pour atteindre cette étape plus rapidement, je te suggère, à la fin de chaque journée, de faire un bilan de ce qui s'est passé. Découvre le masque qui a pris le dessus en te faisant réagir lors de telle situation ou en te dictant ta conduite avec les autres ou avec toi-même. Prends ensuite le temps de noter tes observations sans oublier surtout d'inscrire comment tu t'es senti. Pour terminer, pardonne-toi en te donnant le droit d'avoir utilisé ce masque, sachant qu'à ce moment-là tu croyais sincèrement que c'était le seul moyen de te protéger. Je te rappelle que te sentir coupable et t'accuser est le meilleur moyen pour continuer à réagir de la même façon lorsqu'une situation semblable se représentera.

Aucune transformation n'est possible sans acceptation.

De quelle façon peux-tu savoir si tu vis pleinement cette acceptation? Lorsque tu sauras que ton comportement qui vient d'affecter quelqu'un d'autre ou toi-même fait partie d'être un humain et que tu acceptes d'en assumer les conséquences, quelles qu'elles soient. Cette notion de responsabilité est primordiale pour t'accepter véritablement. Le fait d'être humain signifie que tu ne peux pas plaire à tous et que tu as le droit d'avoir certaines réactions humaines qui peuvent déplaire : accepte-toi sans te juger ni te critiquer.

L'acceptation est donc l'élément déclencheur pour mettre en marche la guérison.

En effet, tu découvriras, à ta grande surprise, que plus tu te donnes le droit de trahir, de rejeter, d'abandonner, d'humilier, d'être injuste, moins tu le feras! Surprenant, n'est-ce pas? Si tu suis mes enseignements depuis un certain temps, tu n'en es pas étonné. Sinon, je ne te demande pas de me croire ou de comprendre, car cette notion ne peut pas être comprise intellectuellement. Elle a plutôt besoin d'être expérimentée.

Je répète cette grande loi spirituelle d'amour dans tous mes livres, ateliers et conférences, car elle a besoin d'être entendue à maintes reprises avant d'être intégrée. En te donnant le droit de faire aux autres ce que tu crains de vivre au point de t'avoir créé un ou des masques pour te protéger, il te sera beaucoup plus facile de donner le droit aux autres d'agir de la sorte et de parfois avoir des comportements qui viennent réveiller tes blessures.

Prenons l'exemple du père qui décide de déshériter l'une de ses filles qui s'est complètement rebellée contre lui. Elle n'a pas voulu faire des études et devenir « quelqu'un de bien » comme il s'y attendait, vu son grand talent. Elle peut percevoir cette décision comme étant une trahison, un abandon, un rejet, une humiliation ou une injustice. Tout dépend de ce qu'elle est venue régler sur Terre. J'ai connu une jeune femme qui a vécu cette expérience et elle l'a ressentie comme une trahison parce qu'elle n'aurait jamais cru que son père irait jusque-là. Elle espérait plutôt que son père l'accepte dans ses choix en finissant par admettre qu'elle avait le droit de faire ce qu'elle voulait de sa vie.

Le seul moyen pour elle de guérir cette blessure et d'arrêter de s'attirer des situations où elle vit de la trahison avec les hommes de sa vie est, en premier lieu, de réaliser que son père s'est lui aussi senti trahi par elle. Le fait que sa fille n'ait pas répondu à ses attentes est pour lui une forme de trahison. Il peut se dire qu'après tout ce qu'il a fait pour elle, elle aurait dû être reconnaissante, devenir une jeune femme plus responsable et lui faire honneur. Il espérait lui aussi qu'elle revienne un jour lui dire qu'il avait raison et lui faire amende honorable. Ce qui se passe entre le père et sa fille nous indique que cet homme a vécu ce même genre de trahison avec sa propre mère et que cette dernière l'a expérimentée elle aussi avec lui.

En vérifiant ce que nos parents ont vécu lorsqu'ils étaient plus jeunes, nous nous apercevons que l'histoire se répète de génération en génération, et ce, tant qu'un pardon véritable n'a pas été fait. Cela nous aide à avoir plus de compassion et de compréhension à l'égard de nos parents. Lorsque tu auras découvert tes blessures, je te suggère fortement de vérifier avec tes parents s'ils ont connu les mêmes blessures. Souviens-toi qu'ils n'auront pas nécessairement vécu des expériences identiques aux tiennes mais qu'ils auront plutôt ressenti les mêmes blessures et accusé leurs parents des mêmes choses que toi.

Cette démarche devient facile à faire lorsque nous arrêtons de nous accuser des comportements dictés par nos blessures et que nous acceptons que cela fasse partie d'être un humain. Nous nous sentons alors beaucoup plus à l'aise pour en parler avec nos parents sans avoir peur d'être accusés, et cela les amène à se dévoiler davantage s'ils ne se sentent pas jugés. Lorsque tu en discuteras avec eux, tu les aideras à faire leur processus de pardon avec leur propre parent. Cela les aidera également à se donner le droit, à eux aussi, d'être des humains, d'avoir des blessures qui les font réagir et de se comporter parfois à l'opposé de ce qu'ils voudraient.

Lorsque tu parleras au parent avec qui tu as vécu une blessure, je te suggère en plus de vérifier avec lui s'il a expérimenté la même blessure avec toi. Si, par exemple, tu es une femme et que tu dises à ta mère que tu as vécu du rejet avec elle depuis ton adolescence, demande-lui s'il lui est arrivé de se sentir rejetée par toi. Cela peut lui permettre de se libérer d'émotions longtemps retenues et souvent inconscientes. Grâce à toi, ta mère pourra en devenir consciente. Tu pourrais, par la suite, la faire parler de ce qu'elle a vécu avec sa propre mère. (Cet exemple s'adresse aussi aux hommes avec leur père). Pour plus de détails sur le pardon véritable, je te suggère la lecture de mes autres livres[1] *dans lesquels j'en parle.*

---

[1] Écoute Ton Corps, tome 1, Écoute Ton Corps encore (tome 2), livret collection Les Émotions, les sentiments et le pardon et Ton corps dit :"Aime-toi!"

Guérison des blessures et transformation des masques

Je te rappelle que si tu as idéalisé le parent avec qui tu as vécu une blessure et surtout si tu considérais ce parent comme un saint, il est tout à fait normal que tu trouves difficile de te donner le droit de lui en avoir voulu. Dis-toi bien que si ce parent avait l'air d'un saint à tes yeux, c'est probablement qu'il avait la blessure d'injustice et qu'il arrivait à se contrôler suffisamment pour ne pas montrer ce qu'il ressentait. Les personnes du type *masochiste* peuvent aussi facilement passer pour des saints à cause de leur grand dévouement.

Voici quelques moyens qui t'indiqueront que tes blessures sont en bonne voie de guérison.

➤ Ta blessure de REJET est en voie de guérison lorsque tu prends de plus en plus ta place, que tu oses t'affirmer. En plus, si quelqu'un semble oublier que tu existes, tu peux être quand même bien dans ta peau. Il t'arrive beaucoup moins de situations où tu as peur de vivre de la panique.

➤ Ta blessure d'ABANDON est en train de se rétablir lorsque tu te sens bien même si tu es seul et que tu recherches moins l'attention. La vie est moins dramatique. Tu as de plus en plus envie d'entreprendre des projets et même si les autres ne t'appuient pas, tu peux continuer.

➤ Ta blessure d'HUMILIATION est en voie de guérison lorsque tu prends le temps de vérifier tes besoins avant de dire oui aux autres. Tu en prends beaucoup moins sur tes épaules et tu te sens plus libre. Tu arrêtes de te créer des limites pour toi. Tu es capable également de faire des demandes sans te croire dérangeant, voire emmerdant.

➤ Ta blessure de TRAHISON est en voie de guérison lorsque tu ne vis plus autant d'émotions au moment où quelqu'un ou quelque chose vient déranger tes plans. Tu lâches prise plus facilement. Je précise que **lâcher prise signifie arrêter d'être attaché aux résultats, arrêter de vouloir que tout se passe selon notre planification.** Tu ne cherches plus à être le centre d'attraction. Lorsque tu es très fier de toi suite à un exploit, tu peux être bien même si les autres ne te reconnaissent pas.

➤ Ta blessure d'INJUSTICE est en voie de guérison lorsque tu te permets d'être moins perfectionniste, de faire des erreurs sans vivre de colère ou de critique. Tu t'accordes le droit de montrer ta sensibilité, de pleurer devant les autres sans perdre le contrôle et sans peur du jugement des autres.

Un autre merveilleux avantage à guérir nos blessures est que nous devenons autonome plutôt que dépendant affectif. L'autonomie affective est la capacité de savoir ce que nous voulons et de faire les actions nécessaires à sa réalisation; et lorsque nous avons besoin d'aide, nous savons en demander sans attendre que ce soit une personne en particulier qui le fasse. La personne autonome ne dit pas : « Que vais-je devenir seule? » lorsque quelqu'un disparaît de sa vie. Elle a de la peine mais elle le sait au plus profond qu'elle peut survivre seule.

J'espère que la découverte de tes blessures t'apportera beaucoup de compassion pour toi-même et que cela t'aidera à atteindre une plus grande paix intérieure en vivant moins de colère, de honte et de rancune. Je reconnais qu'il n'est pas nécessairement facile de faire face à ce qui nous fait mal. L'être humain a inventé tellement de moyens pour réprimer ses souvenirs douloureux qu'il est très tentant de recourir à une de ces méthodes.

Par contre, plus nous réprimons nos souvenirs douloureux et plus ils se logent profondément dans l'inconscient. Puis, un jour, lorsque nous ne pouvons plus rien enfoncer et que nous atteignons notre limite de contrôle, ces souvenirs refont surface et notre douleur est encore plus difficile à gérer. En affrontant ces blessures et en les guérissant, toute l'énergie qui servait à réprimer et à cacher notre douleur est enfin libérée et peut être utilisée pour des fins beaucoup plus productives, c'est-à-dire pour créer notre vie telle que nous la voulons, et ce, tout en étant nous-mêmes.

N'oublie pas que nous sommes tous sur cette planète pour **nous souvenir de qui nous sommes, que nous sommes tous DIEU, vivant des expériences dans le plan terrestre.** Nous l'avons malheureusement oublié en cours de route, tout au long de nos nombreuses incarnations depuis le début des temps.

Pour se souvenir de qui nous sommes, nous devons devenir conscients de ce que nous ne sommes pas. Nous ne sommes pas nos blessures par exemple. Chaque fois que nous souffrons, nous croyons être ce que nous ne sommes pas. Lorsque tu éprouves de la culpabilité parce que tu viens de rejeter quelqu'un ou que tu viens d'être injuste par exemple, tu crois être le rejet ou l'injustice. Tu n'es pas l'expérience, tu es **DIEU** vivant une expérience sur une planète matérielle. Un autre exemple : lorsque ton corps est malade, tu n'es pas la maladie, tu es une personne vivant l'expérience d'un blocage d'énergie dans une partie de son corps et nous appelons cette expérience, une maladie.

LA VIE EST MERVEILLEUSE ET PARFAITE.

Elle est une suite continuelle de processus qui nous amènent vers notre seule raison d'être qui est de :

NOUS SOUVENIR QUE NOUS SOMMES DIEU.

Pour terminer ce livre, je tiens à te mentionner les aspects positifs, les forces en nous qui sont reliées aux différents types de caractère. Ces forces sont toujours là, enfouies en chacun de nous. Mais, comme mentionné précédemment, elles sont trop souvent ignorées ou mal utilisées à cause de la place importante attribuée à nos masques; tout cela pour éviter de voir ou de sentir nos blessures. Une fois les blessures guéries, c'est-à-dire quand nous sommes nous-même, sans peur, voici ce qui est susceptible de ressortir de celles-ci :

Derrière le FUYANT (blessure de rejet), se cache une personne capable d'en prendre beaucoup, dotée d'une bonne endurance au travail...

♦ *Débrouillarde, douée d'une bonne capacité de créer, d'inventer, d'imaginer;*

♦ *Aptitude particulière à travailler seule;*

♦ *Efficace et pense à d'innombrables détails;*

♦ *Apte à réagir; en mesure de faire ce qu'il faut en cas d'urgence;*

♦ *Pas besoin des autres à tout prix. Peut très bien se retirer et être heureuse seule.*

Derrière le DÉPENDANT (blessure d'abandon), se dissimule une personne habile, qui sait très bien faire ses demandes...

- *Sait ce qu'elle veut. Tenace, persévérante dans ses demandes;*
- *Ne lâche pas quand elle est déterminée à obtenir quelque chose;*
- *Don de comédienne. Sait capter l'attention des autres;*
- *Naturellement gaie, enjouée et sociable, elle reflète la joie de vivre;*
- *Capacité d'aider les autres, car s'intéresse à eux et sait comment ils se sentent;*
- *Aptitude à utiliser les dons psychiques à bon escient quand les peurs sont maîtrisées;*
- *Possède souvent des talents artistiques;*
- *Bien que sociable, a besoin de moments de solitude pour se retrouver.*

Derrière le MASOCHISTE (blessure d'humiliation), se camoufle une personne audacieuse, aventurière, possédant de grandes capacités dans beaucoup de domaines, entre autres…

- *Connaît ses besoins et les respecte;*
- *Sensible aux besoins des autres, est capable aussi de respecter la liberté de chacun;*
- *Bonne médiatrice, conciliatrice. Susceptible de dédramatiser;*
- *Joviale, aime le plaisir et rend les autres à l'aise;*
- *Est de nature généreuse, serviable, altruiste;*

- *Talent d'organisatrice. Sait reconnaître ses talents;*
- *Sensuelle, sait se faire plaisir en amour;*
- *D'une grande dignité, elle manifeste de la fierté.*

Derrière le CONTRÔLANT (blessure de trahison), se cache généralement une personne possédant des qualités de chef...

- *Par sa force, est habile à se faire rassurante et protectrice;*
- *Très talentueuse. Sociable et bonne comédienne;*
- *Possède le talent de parler en public;*
- *Aptitude à capter et à faire valoir les talents de chacun en les aidant à acquérir plus de confiance en eux-mêmes;*
- *Capacité à déléguer, ce qui aide les autres à se valoriser;*
- *Sait rapidement comment les autres se sentent et dédramatise en les faisant rire;*
- *Capable de passer à toute vitesse d'un élément à l'autre et de gérer plusieurs choses en même temps;*
- *Prend des décisions rapidement. Trouve ce qui lui est nécessaire et s'entoure de gens dont elle a besoin pour passer à l'action;*
- *Capable de grandes performances à plusieurs niveaux;*
- *Fait confiance à l'Univers et à sa force intérieure. Capacité de lâcher prise complètement.*

Derrière le RIGIDE (blessure d'injustice), se dissimule une personne créative, qui a beaucoup d'énergie, dotée d'une grande capacité de travail...

- *Ordonnée et excellente pour produire un travail qui exige de la précision;*

- *Soucieuse, très douée pour s'occuper et veiller aux détails;*

- *Capacité de simplifier, d'expliquer clairement pour enseigner;*

- *Très sensible, sait ce que les autres ressentent en vérifiant son propre senti;*

- *Sait ce qu'elle doit savoir au moment opportun;*

- *Trouve la personne juste pour accomplir une tâche spécifique, et la chose exacte et précise à dire;*

- *Enthousiaste, vivante et dynamique;*

- *N'a pas besoin des autres pour se sentir bien;*

- *Tout comme le fuyant, en cas d'urgence, elle sait quoi faire et le fait elle-même;*

- *Parvient à faire face aux situations difficiles.*

Comme tu as pu le constater, certaines forces se retrouvent dans plus d'une blessure, ce qui a pour effet de décupler ces dernières. Elles deviennent donc des atouts extraordinaires pour manifester ce que tu veux. En reconnaissant la personne unique que tu es, tu ne peux manquer de représenter une source d'inspiration énergisante.

Je répète que la création de nos masques exprime la plus grande trahison entre toutes, celle d'avoir oublié que nous sommes **DIEU**. Voilà pourquoi l'acrostiche des cinq blessures arrive au mot **TRAHI**.

T *RAHISON*
R *EJET*
A *BANDON*
H *UMILIATION*
I *NJUSTICE*

Je termine ce livre en t'offrant un poème du poète suédois Hjalmar Sôderberg.

Nous voulons tous être aimés,

à défaut, être admirés,

à défaut, être redoutés,

à défaut, être haïs et méprisés.

Nous voulons éveiller une émotion
chez autrui quelle qu'elle soit.

L'âme frissonne devant le vide et recherche
le contact à n'importe quel prix.

Si vous désirez être informé de la sortie du prochain livre de Lise Bourbeau, envoyez-nous vos coordonnées ...

... par email : info@leseditionsetc.com

... par télécopieur : 450-431-0991

... par courrier :

Les Éditions ETC
1102 Boul. La Salette
St-Jérôme (Québec)
J5L 2J7   CANADA

NOTES

NOTES

NOTES

NOTES

NOTES

NOTES

NOTES

NOTES

NOTES

NOTES

L'atelier
Écoute ton corps

Durée : 2 jours de 9h à 17h30

Indispensable pour votre cheminement intérieur

Écoute ton corps est un atelier extraordinaire qui a transformé la vie de plus de 15 000 personnes à ce jour. Premier-né d'une famille d'ateliers qui visent tous l'amélioration de la qualité de vie, il est le fondement, la base nécessaire pour une vie bien remplie. *Suivez cet atelier et vous pourrez le reprendre sans frais aussi souvent que vous voulez!*

Redécouvrir son pouvoir de créer

Nous sommes des créateurs, mais avant de pouvoir manifester la joie, la paix, la sérénité, la santé, la réalisation de nos rêves et de nos aspirations, nous devons devenir conscients de ce qui se passe en nous aux niveaux physique, émotionnel et mental. A l'aide de nombreux exercices, vous comprendrez pourquoi les mêmes situations ou expériences désagréables reviennent sans cesse dans votre vie. Un portrait clair se dessinera vous donnant la possibilité de pouvoir transformer les choses qui semblaient impossibles auparavant.

Un atelier pour découvrir et transformer

- ⊙ Les croyances non-bénéfiques qui mènent votre vie.
- ⊙ Le modèle d'amour que vous avez intégré et qui attire malgré vous les mêmes relations insatisfaisantes.
- ⊙ Vos émotions en les exprimant d'une façon bénéfiques pour vous.
- ⊙ L'amour émotif en amour libérateur
- ⊙ Votre façon de voir votre vrai responsabilité dans la vie ce qui vous aidera à vous sentir moins coupable vis-à-vis les autres.

Assistez à la première partie sans engagement de votre part

Toute personne ne connaissant pas notre école peut suivre la première partie de cet atelier afin d'avoir un aperçu. Il s'agit de réserver votre place en communiquant avec nous, c'est simple !

Écoute Ton Corps®
International
Fondée par Lise Bourbeau en 1982

Autres ateliers disponibles

- Autonomie affective
- Bien gérer le changement
- Bien vivre sa sexualité
- Caractères et Blessures
- Comment apprivoiser les peurs
- Comment développer le senti
- Comment gérer la colère
- Communiquer avec les différents caractères
- Confiance en soi
- Découvrir son chemin de vie
- Devenir observateur plutôt que fusionnel
- Dialogue intérieur
- Écoute ton âme

- Être femme aujourd'hui
- L'écoute et la communication
- L'ego et l'orgueil
- Les pièges relationnels
- Métaphysique des malaises et maladies
- Métaphysique des rêves et de son habitation
- Principes féminin et masculin
- Prospérité et abondance
- Répondre à ses besoins
- Retrouver sa liberté
- S'abandonner/Le lâcher prise
- Se connaître par les couleurs
- Se libérer du sentiment de culpabilité
- Vendre avec coeur

Nos ateliers se donnent dans plus de 20 pays. Visitez notre site Internet pour l'horaire des ateliers dans votre région au www.ecoutetoncorps.com ou demandez notre brochure d'activités par téléphone au:

1-800-361-3834 ou 514-875-1930

Vous désirez avoir un atelier dans votre région? Vous avez des capacités d'organisateur? Vous pouvez maintenant recevoir une animatrice d'Écoute Ton Corps dans votre région. Informez-vous des nombreux avantages qui vous sont offerts pour l'organisation d'un atelier en communiquant avec nous.

Formation professionnelle

Vous rêvez de changer de métier? Vous désirez entreprendre une carrière dans le domaine de la relation d'aide? Vous recherchez une formation efficace et complète qui vous donnera les moyens nécessaires pour réaliser votre rêve? Nous pouvons vous aider!

L'école de vie Écoute Ton Corps vous propose une formation qui vous transmet tous les aléas des métiers d'animateur/conférencier et de consultant en relation d'aide grâce à l'expertise de sa fondatrice qui oeuvre dans le domaine de la croissance personnelle depuis plus de 25 ans. Lise Bourbeau a su identifier, au fil des ans, les principaux obstacles et critères de succès personnels et professionnels qui permettent de réussir une carrière enrichissante dans le domaine de la relation d'aide. L'ensemble de ses expériences et le fruit de ses années de recherches vous sont transmis dans cette formation.

Être en Relation d'Aide

Divisée en trois phases distinctes, notre programme de formation est conçu et structuré de telle sorte qu'il permet d'instaurer une fondation solide vous permettant de devenir un professionnel solide et compétent. Ces dernières sont divisées comme suit :

Phase 1 : Être en relation avec Soi
Phase 2 : Être en relation avec l'Autre
Phase 3 : Être en relation d'Aide
-Devenir animateur/conférencier et/ou
-Techniques efficaces en relation d'aide

Cette structure permet d'encadrer et de soutenir les étudiants au cours de leur cheminement. Il aide les étudiants à découvrir et expérimenter graduellement les différentes notions développées lors des ateliers et favorise un transfert des apprentissages dans la vie quotidienne pour en faciliter l'intégration. Pour ce faire, nous avons une équipe de consultants qui suivra individuellement chacun de nos étudiants après chaque atelier afin de les aider à appliquer et à intégrer à leur vie personnelle les apprentissages acquis au cours de ces ateliers.

Le but, les objectifs et la description de chacune de ces phases ainsi que le cheminement pédagogique nécessaire pour chacune d'elles, vous sont présentés dans notre brochure d'information et sur notre site Web au www.ecoutetoncorps.com.

Catalogue de produits

L'école de vie Écoute Ton Corps vous offre plusieurs produits pour améliorer votre qualité de vie.

et ils sont faciles à commander !

Par Internet
www.ecoutetoncorps.com
Visitez notre site web sécuritaire!

Par télécopieur
(450) 431-0991
Envoyez le bon de commande à la fin du livre (page C10)

Par téléphone
Composez le:
(514) 875-1930
Ligne sans frais d'interurbain en Amérique du Nord
1-800-361-3834

Par la poste
Utilisez le bon de commande à la fin du livre (page C10)

Jetez un coup d'œil sur nos produits

Conférences audio

Plus de 100 sujets passionnants

Lise Bourbeau saura vous captiver par les différents thèmes qu'elle aborde lors de ses conférences. Elle vous fera réfléchir tout en vous donnant le goût de créer votre vie plutôt que de la subir.

CD-01 La peur, l'ennemie de l'abondance
CD-02 Victime ou gagnant
C-03 Comment se guérir soi-même
C-04 (ou CD-04) L'orgueil est-il l'ennemi premier de ton évolution?
CD-05 Sexualité, sensualité et amour
C-06 (ou CD-06) Être responsable, c'est quoi au juste?
CD-07 Avez-vous toujours l'énergie que vous voulez?
C-08 Le grand amour peut-il durer?
CD-09 Comment s'aimer sans avoir besoin de sucre
CD-10 Comment évoluer à travers les malaises et les maladies
C-11 (ou CD-11) Se sentir mieux face à la mort
CD-12 La spiritualité et la sexualité
C-13 Ma douce moitié, la télé
C-14 (ou CD-14) La réincarnation
CD-16 Prospérité et abondance
CD-17 Relation parent-enfant
CD-18 Les dons psychiques
CD-19 Être vrai... c'est quoi au juste?
CD-20 Comment se décider et passer à l'action
CD-21 L'amour de soi
C-22 La prière, est-ce efficace?
C-23 (ou CD-23) Le contrôle, la maîtrise, le pouvoir
C-24 Se transformer sans douleur
C-25 (ou CD-25) Comment s'estimer sans se comparer
C-26 Êtes-vous prisonnier de vos dépendances?

CD-27 Le pouvoir du pardon
C-28 Comment être à l'écoute de son coeur
CD-29 Être gagnant en utilisant son subconscient
C-30 (ou CD-30) Comment réussir à atteindre un but
CD-31 Rejet, abandon, solitude
C-32 Besoin, désir ou caprice?
C-33 (ou CD-33) Les cadeaux de la vie
C-34 (ou CD-34) Jugement, critique ou accusation?
C-35 (ou CD-35) Retrouver sa créativité
CD-36 Qui gagne, vous ou vos émotions?
C-37 (ou CD-37) Comment aider les autres
C-38 Le burn-out et la dépression
C-39 Le principe masculin et féminin
C-40 La planète Terre et ses messages
C-41 Sans viande et en parfaite santé
CD-42 Développer la confiance en soi
CD-43 Comment lâcher prise
CD-44 Comment découvrir et gérer vos croyances
CD-45 Comment gérer ses peurs
C-46 (ou CD-46) Quand le perfectionnisme s'en mêle
C-47 (ou CD-47) Le monde astral
C-48 (ou CD-48) Comment vivre le moment présent
C-49 (ou CD-49) Êtes vous libre, libéré ou manipulé?
C-50 (ou CD-50) Sais-tu qui tu es?
C-51 (ou CD-51) Qui est ton miroir?
C-52 (ou CD-52) Se connaître à travers son alimentation

Prix des cassettes (selon le nombre commandé)	Québec & Maritimes	Autres prov. canadiennes	Autres pays	Prix des CD (selon le nombre commandé)	Québec & Maritimes	Autres prov. canadiennes	Autres pays
1 à 4	5.64 $	5.25 $	5.00 $	1 à 4	18,00 $	16,75 $	15,95 $
5 à 10 ......-10%	5,08 $	4,73 $	4,50 $	5 à 10 ......-10%	16,21 $	15,08 $	14,36 $
11 à 20 ......-15%	4,80 $	4,46 $	4,25 $	11 à 20 ......-15%	15,31 $	14,24 $	13,56 $
21 et plus......-20%	4,52 $	4,20 $	4,00 $	21 et plus......-20%	14,40 $	13,40 $	12,76 $

Prix à l'unité. Taxes incluses. Autres pays: douanes et taxes locales non incluses.
Ces rabais sont disponibles uniquement lors de commandes postales envoyées à nos bureaux et non en librairie, dans nos ateliers ou sur notre site web.

C = cassette audio CD= disque compact

C-54 Comment se faire plaisir
C-56 Les ravages de la peur face à l'amour
C-57 (ou CD-57) Quoi faire avec nos attentes
C-58 La méditation et ses bienfaits
C-59 Comment développer le senti
C-60 Bien manger tout en se faisant plaisir
CD-61 Le couple idéal
C-62 Les besoins des corps physique et énergétique
C-63 Les besoins du corps émotionnel
C-64 Les besoins du corps mental
C-65 Les besoins du corps spirituel
C-66 Se guérir en s'aimant
C-67 (ou CD-67) La loi de cause à effet
C-68 Le message caché des problèmes sexuels
CD-69 Comment dédramatiser
C-70 Comment éviter une séparation ou la vivre dans l'amour (partie 1).
C-71 Comment éviter une séparation ou la vivre dans l'amour (partie 2).
C-72 Quelle attitude adopter face au cancer
C-73 Recevez-vous autant que vous donnez?
CD-74 Comment ne plus être rongé par la colère
C-75 Possession, attachement et jalousie
C-76 Soyez gagnant dans la perte
C-77 Êtes-vous une personne nouvelle ou traditionnelle?
C-78 Dépasser ses limites sans craquer
CD-79 Pourquoi y a-t-il tant de honte
C-80 S'épanouir et évoluer dans son milieu de travail
C-81 Pourquoi et comment organiser son temps
C-82 (ou CD-82) Savez-vous vous engager?
C-83 Accepter, est-ce se soumettre?
C-84 Avoir des amis et les avantages de l'amitié
C-85 Vaincre ou en finir avec la timidité.
C-86 Pourquoi et comment se réconcilier?
C-87 La chance est-elle réservée aux chanceux?

CD-88 Comment les rêves peuvent vous aider
C-89 Comprendre et accepter l'homosexualité
CD-90 Comment faire respecter son espace
CD-91 Comment utiliser votre intuition
CD-92 Quoi faire face à l'agressivité et la violence
C-93 Pourquoi y a-t-il autant d'inceste?
C-94 Êtes-vous dans votre pouvoir?
C-95 Les faux maîtres
C-96 Les secrets pour rester jeune
CD-97 Découvrez ce qui bloque vos désirs
C-98 (ou CD-98) Découvrez la cause de vos malaises ou maladies
CD-99 Les blessures qui vous empêchent d'être vous-même
C-100 (ou CD-100) Comment bien gérer le changement
CD-101 Les cinq obstacles à l'évolution spirituelle
C-102 L'agoraphobie
CD-103 Comment être à l'écoute de son corps.
CD-104 Est-ce possible de ne plus se sentir coupable?
C-105 Comment résoudre un conflit
CD-106 Savez-vous vraiment communiquer ?
CD-107 Comment retrouver et garder sa joie de vivre
CD-108 Comment ÊTRE avec un adolescent
CD-109 Développer son autonomie affective
CD-110 Comment utiliser sa puissance intérieure
CD-111 Profitez des forces derrière vos blessures
CD-112 Prenez la vie moins à coeur sans être sans coeur
CD-113 Argent et sexualité: Découvrez le lien
CD-114 Comment être soi-même
CD-115 Découvrez les causes et solutions à vos problèmes
CD-116 La puissance de l'acceptation
CD-117 Qui dirige votre vie, l'homme ou la femme en vous?

Détentes et de méditations

Prix : voir la page C5 (ETC = cassette   CDETC = CD)

ETC-12(ou CDETC-12) Détente «COMMUNICATION»
ETC-13 (ou CDETC-13) Détente «PETIT ENFANT»
ETC-14 Détente «SITUATION À CHANGER»
ETC-33 (ou CDETC-33) Détente «JE SUIS»
CDETC-03 Méditation «JE SUIS DIEU»
CDETC-15 Détente «Le PARDON»
CDETC-16 Détente «ABANDONNER UNE PEUR»

CDETC-17 Détente «S'OUVRIR À L'ÉTAT D'ABONDANCE»
CDETC-18 Détente «À LA DÉCOUVERT DE MON ÊTRE»
CDETC-19 Détente «RENCONTRE AVEC MON SAGE INTÉRIEUR»
CDETC-21 Méditation «NOTRE PÈRE»

Livres

Écoute Ton Corps, ton plus grand ami sur la Terre (L-01)

En s'aimant et en s'acceptant, tout devient possible. La philosophie d'amour que transmet Lise Bourbeau à travers ce livre est la base solide d'un nouveau mode de vie. Plus que de simples connaissances, elle vous offre des outils qui, s'ils sont utilisés, vous mèneront à des transformations concrètes et durables dans votre vie. *Plus de 400 000 exemplaires vendus.*

Version française et anglaise: CANADA: 19,90$ (taxe incluse); Extérieur du Canada: 18,95$ (frais de douanes non incluses)
Également disponible en espagnol, italien, allemand, russe, roumain, portugais, polonais et en lithuanien (24,95$ + taxe si applicable).

Écoute Ton Corps, ENCORE! (L-06)

Voici la suite du tout premier livre de Lise Bourbeau. Ce livre regorge de nouveaux renseignements par rapport à *l'avoir*, le *faire* et l'*être*. Il saura vous captiver tout comme le premier!
CANADA: 19,90$ (taxe incluse); Extérieur du Canada: 18,95$ (frais de douanes non incluses)
Également disponible en russe (24,95$ + taxe si applicable)

Qui es-tu? (L-02)

La lecture de ce livre vous apprendra à vous connaître davantage à travers ce que vous dites, pensez, voyez, entendez, ressentez, et ce, par le biais des vêtements que vous portez, l'endroit où vous habitez, les formes de votre corps et les différents malaises ou maladies qui vous affectent aujourd'hui ou qui vous ont déjà affecté.
CANADA: 19,90$ (taxe incluse); Extérieur du Canada: 18,95$ (frais de douanes non incl.)
Également disponible en roumain, russe et en italien (24,95$ + taxe si applicable)

Les 5 blessures qui empêchent d'être soi-même (L-08)

Ce livre démontre que tous les problèmes proviennent de cinq blessures importantes : le rejet, l'abandon, l'humiliation, la trahison et l'injustice. Grâce à une description très détaillée des blessures et des masques que vous développez pour ne pas voir, sentir et surtout connaître vos blessures, vous arriverez à identifier la vraie cause d'un problème précis dans votre vie.
Version française et anglaise: CANADA: 19,90$ (taxe incluse); Extérieur du Canada: 18,95$ (frais de douanes non incluses)
Également disponible en allemand, russe, espagnol et italien (24,95$ + taxe si applicable).

Ton corps dit : «Aime-toi!» (L-07)

Le livre le plus complet sur la métaphysique des malaises et maladies. Il est le résultat de toutes les recherches de Lise Bourbeau sur les maladies depuis quinze ans. Elle explique dans ce volume les blocages physiques, émotionnels, mentals et spirituels de plus de 500 malaises et maladies.
Version française et anglaise: CANADA: 26,20$ (taxe incluse); Extérieur du Canada: 24,95$ (frais de douanes non incluses)
Également disponible en espagnol, allemand, russe, polonais et portugais (24,95$ + taxe si applicable).

Amour Amour Amour (L-13)

Cet ouvrage fait le point sur les fondements de l'amour inconditionnel et de l'acceptation. Chacun d'entre nous vit quotidiennement de nombreuses situations dont certaines s'avèrent difficiles à accepter, ce qui, hélas, génère conflits, malaises ou insatisfactions. Dans ce livre, vous découvrirez les bienfaits extraordinaires qui résultent du grand pouvoir de l'amour véritable et de l'acceptation.

CANADA: 19,90$ (taxe incluse)   Extérieur du Canada: 18,95$

Visitez le site de www.leseditionsetc.com
pour lire des extraits de chaque livre.

LE livre de référence

Le grand guide de l'ÊTRE (L-10)
Le livre que nous attendions tous paraîtra en août 2003 ! Il présente plus de 400 sujets qui ont tous un point en commun: leur définition relève du domaine de l'être. Il suggère des outils concrets qui permettent de mieux gérer nos états d'être, nous conduisant ainsi vers la paix intérieure et le bonheur de vivre en harmonie avec soi et les autres. COUVERTURE RIGIDE. 700 pages.
CANADA: 31,45$ (taxe incluse); Ext. du Canada: 29,95$ (frais de douanes non incl.)

Outil quotidien

Une année de prises de conscience avec Écoute Ton Corps (L-09)
Résolument pratique, cet ouvrage nous invite, jour après jour, à découvrir et dépasser nos blocages sur les plans physique, émotionnel et mental.
CANADA: 19,90$ (taxe incluse); Extérieur du Canada: 18,95$ (frais de douanes non incluses)

Collection Écoute Ton Corps

À travers les livres de cette collection, Lise Bourbeau répond à des centaines de questions de tous genres, regroupées par thèmes différents. Sont disponibles à l'heure actuelle, les sept livres suivants :

(LC-01)	Les relations intimes	(LC-05)	L'argent et l'abondance
(LC-02)	La responsabilité, l'engagement et la culpabilité	(LC-06)	Les émotions, les sentiments et le pardon
(LC-03)	Les peurs et les croyances	(LC-07)	La sexualité et la sensualité
(LC-04)	Les relations parent - enfant		

CANADA: 10,45$ (taxe incluse); Extérieur du Canada: 9,95$ (frais de douanes non incluses)
Les sept sont également disponibles en russe et italien (11,95$ + taxe si applicable).

Autobiographie

Je suis Dieu, WOW! (L-05)
Dans cette autobiographie au titre audacieux, Lise Bourbeau se révèle entièrement. Pour les curieux, un bilan des différentes étapes de sa vie ainsi que plusieurs photos. Comment une personne peut-elle en arriver à affirmer : «Je suis Dieu, WOW!» ? Vous le découvrirez à travers son récit.
CANADA: 19,90$ (taxe incluse); Extérieur du Canada: 18,95$ (frais de douanes non incluses)

Livre pour enfants

Dans ce livre, *Rouma* représente le Dieu intérieur qui aide les enfants à trouver des solutions à leurs problèmes.
(ROU-02) Janie la petite
CANADA: 13,60$ (taxe incluse) Ext. du Canada: 12,95$ (frais de douanes non incluses)

Jeu de cartes

Ce jeu de cartes vous aidera quotidiennement à devenir conscient d'une difficulté faisant obstacle à votre bonheur (carte bleue), à découvrir la croyance non bénéfique qui se cache derrière cette difficulté (carte jaune) et suggérera un moyen concret pour revenir sur la route du bonheur (carte rouge).
LES CARTES ÉCOUTE TON CORPS (J-01)
Québec & Maritimes: 13,49$ (taxes incluses); Autres provinces canadiennes: 12,55$ (taxe incluse); Extérieur du Canada: 11,95$ (frais de douanes non incl.)
Ce jeu est également disponible en allemand (18,95$), italien et espagnol (14,95$) + taxe si applicable.

Série *Arissiel*

LISE BOURBEAU

Un prolongement de l'enseignement de Lise Bourbeau sous forme de récits concrets et réalistes

L-11

Arissiel - La vie après la mort

C'est l'histoire touchante de la vie d'un père de famille, divorcé, devenu riche, à laquelle le destin aura mis fin tragiquement à l'âge de 55 ans. Devant ce sort injuste, il en veut à Dieu d'avoir écourté sa vie et à lui-même de ne pas avoir su en profiter pleinement. Il découvre péniblement ce qu'est la vie après la mort, jusqu'à ce qu'un guide de l'au-delà le prenne en charge et l'aide à évoluer d'une façon accélérée, selon son plan de vie.

L'originalité de ce premier tome de la série *Arissiel* vous aidera à apprivoiser la mort en réalisant que la vie de l'âme se poursuit bien au-delà de la mort du corps physique. Cette perception vous permettra de mieux accepter le décès de vos proches, c'est-à-dire de continuer à VIVRE sereinement votre vie malgré la disparition soudaine d'êtres chers.

Cette histoire vous captivera par son cachet particulier et par la finesse grâce à laquelle Lise Bourbeau réussit à transmettre au lecteur une philosophie de vie basée sur l'intelligence et l'amour véritable plutôt que sur la peur, la dépendance et la culpabilité, enseignement simple, mais combien puissant!

L-12

Benani - La puissance du pardon

Malgré sa difficulté à accepter le principe de la réincarnation, Arissiel revient néanmoins sur Terre sous le nom de ARI. Consterné, il se retrouve dans le cadre d'une vie mouvementée remplie de défis et de surprises qui lui seront difficiles à gérer. Gratifié d'un privilège particulier par son guide spirituel, il développe des dons psychiques qui lui permettent d'aider d'autres personnes, dont son père BENANI. Après plusieurs années de conflits avec ce dernier, ARI parviendra-t-il à faire la paix avec son père et ainsi poursuivre son plan de vie?

Grâce à de nombreuses scènes de réconciliation et de pardon entre BENANI et ses proches, ce deuxième tome vous sensibilisera au plus haut point en encourageant le lecteur à se réconcilier plutôt que de vivre des rancœurs, des attentes et des émotions mal gérées, ce qui donne suite à une métamorphose tout à fait imprévisible.

L-14

Carina - Le pouvoir de révéler ses secrets

Chacun possède au plus profond de lui son jardin secret. Ce troisième tome de la série *Arissiel* vous tiendra en alerte avec les aventures de ARI, ce jeune homme de dix-huit ans qui se retrouve en tête d'une fortune. Grâce à ses dons qui se développent sans cesse et malgré cette fortune, il s'engage à aider des personnes en difficulté, dont sa tante CARINA.

Découvrez à travers ce récit les problèmes qu'ont engendrés les secrets de CARINA enfouis en elle depuis sa plus tendre enfance. Aussi, vous réaliserez pourquoi il est si important de se révéler et de se faire accompagner dans cette démarche plutôt que de devenir obsédé par ses secrets ou de tenter de les camoufler.

Cet ouvrage vous aide à découvrir des moyens concrets et pratiques sur l'art de se révéler, tout en se libérant de lourds poids du passé, ce qui apporte de précieuses réconciliations et parfois même des guérisons tout à fait inattendues.

Prix: **Canada:** 26,20$CAN/chaque - taxe incluse **Autres pays:** 24,95$CAN (sans taxe)

Bon de commande

# PRODUIT	QTÉ	TOTAL	POIDS (g)
SOUS-TOTAL			
FRAIS DE MANUTENTION			
TOTAL			

POIDS DES PRODUITS

Livre Le grand guide de l'être (900g/ch)
Livre "Ton corps dit: Aime-toi" (600g/ch)
Livres de la série Arissiel (500g/ch)
Livres Collection Écoute Ton Corps (200g/ch)
Livre pour enfant (300g/ch)
Autres livres (450g/ch)
Disque compact (110g/ch)
Cassette de conférence ou détentes (65g/ch)
Jeu de cartes (140g/ch)

Calculez le poids de chaque produit commandé, faites le total et référez-vous au tableau ci-bas pour les frais de manutention.

N.B. Tous les prix sont sujets à des changements sans préavis.

FRAIS DE MANUTENTION		Canada 1-2 sem.	États-Unis 1-2 semaines	International-surface 6-8 semaines	International-avion 1-2 semaines
0 à 250g	=	8.50$	10,00$	9,00$	11,00$
250 à 500g	=	9.50$	12,00$	11,00$	18,50$
505 à 1000g	=	11.50$	17,00$	16,50$	34,00$
1005 à 2000g	=	12.00$	27,50$	23,00$	51,50$
2005g à 2500g	=	13.50$	30,00$	45,50$*	85,00$*
2505 à 3000g	=	14.00$	34,50$	50,00$*	93,00$*
3005g et plus	=	Téléphonez-nous			

Paiement par chèque ou mandat-poste à l'ordre de:

ÉCOUTE TON CORPS, 1102 boul. La Salette, Saint-Jérôme, Québec, Canada. J5L 2J7.
CANADA: Chèque personnel, mandat ou carte de crédit.
EXTÉRIEUR DU CANADA: Mandat international en devises canadiennes ou carte de crédit.

☐ VISA   Numéro: ☐☐☐☐☐☐☐☐☐☐☐☐☐☐☐☐☐☐☐ Exp.: ☐☐ / ☐☐
                                                              mois   année

☐ MasterCard   Nom du titulaire: _____

         Signature: _____

☐ CHÈQUE / MANDAT-POSTE

Nom: _____

Adresse: _____

Ville: _____ Code postal: _____

Tél. résidence: (   ) _____ Tél. travail: (   ) _____